ちくま新書

ルポ 女性用風俗

菅野久美子
Kanno Kumiko

JN042842

1649

ルポ 女性用風俗【目次】

第三章　女風を提供する人々の思い　107

第四章　セラピストたちの思い　153

まえがき　買う女たちの背景に何があるのか

女性用風俗、略して「女風」――。

昨今この女性用風俗が、旋風を巻き起こしている。大手女性用風俗情報サイト「Kaikan」には、三〇〇〇人を超えるセラピストが登録し、二〇〇を超える店舗がひしめき合う。もちろん、サイトに未登録の大手女風店舗も存在するため、店舗の実数はさらにこれよりも多いと考えられる。「Kaikan」には、ジャニーズ顔負けのルックスの男性たちがズラリと並ぶ。

この中から女性たちは思い思いのセラピストを選んでホテルなどに呼び、甘い時を過ごすのだ。

女性用風俗を巡っては、これまでにない地殻変動が起きている。女風店舗に所属するあるベテランセラピストは私にこう耳打ちする。

「女性用風俗の客層は、ここ数年でガラリと変わりました。一〇年前は有閑マダムのような、いわば上流の限られた女性たちが顧客だったんです。しかし今や、一般の大学生や専業主婦、会社員のような、いわば〝普通の女性たち〟が僕たちを買う側へと回っているんですよ」

それは、呼び名の変化にも表れている。かつては「男娼」と呼ばれ日陰者としてのイメージが強かった女性用風俗の男性従事者だが、現在では「セラピスト」と呼ばれることが一般的になり、癒しを前面に押し出したイメージへと変貌を遂げている。

近年の女性用風俗のブームの背景としては、二つの大きな変化が挙げられる。

まず一つ目は、大手店舗が有名ユーチューバーやインフルエンサーとコラボして、SNSや動画サイトで積極的に発信していることだ。「癒し」のイメージを前面に打ち出し、風俗への抵抗感を和らげハードルが下がったことで、若年層や一般層を取り込むことに成功した。セラピスト個人個人が、SNSで自らを直接売り込めるようになったというのも大きい。

またそんな流れに乗り、経営者が積極的に地上波に顔を出してその魅力について語るなど、これまでにはなかった動きも起きている。

二つ目は、低価格化の波だ。店舗数が増えたことでサービス料金の低価格化が進み、より一般女性に手が届きやすくなったのだ。

女性用風俗の利用者層は、この二大変化により一気にカジュアル化が進んだ。また、女性が女性に性的サービスを行うレズ風俗の体験レポ漫画が、SNS通じて人気を博すなど、業界の新たなうねりも起きている。

こうして女性用風俗は、一般人女性が気軽に利用できるサービスへと変貌し、着々とその市場が拡大してきている。

ここまで手短に紹介したのは、あくまで業界を巡る表層の動きに過ぎない。

私がどうしても強い好奇心を抱かざるを得ないのは、そんな業界の「仕掛け」に呼応するような形で、一般の女性たちが「買う側」へと次々と乗り出していったという現実だ。これだけ女性用風俗が一般の女性にまでその触手を伸ばして、「買う女性」たちが増え続けているその背景には、何らかの切実な動機があるのではないだろうか。

私は女性用風俗の本質を捉えるうえで、買う側となった女性たちの一人ひとりから浮かび上がる心象風景にこそ、最も目を向ける必要があると思っている。本書では、それに迫るためにこれまでヴェールに包まれていた買う女性たちのリアルな本音に、徹底的にスポットを当てることにした。

さらに個々の女性の人生を深く掘り下げ、その声なき声によって紡がれた物語に耳を澄ませることで、現代の女性たちが何を求めて女性用風俗の世界にハマり込んだのか、その実態を露わにしていきたいと考えている。

女性用風俗の市場の拡大には、深刻なセックスレスや女性の社会進出、性経験年齢の高齢化、生涯未婚率（五〇歳時点で一度も結婚したことがない人の割合。現在は「五〇歳時未婚率」と呼ぶ）の上昇など、様々な社会的な要因が隠れている。

ある女性は三〇年もの間夫とのセックスレスに悩んだ末に、また別のある女性は幼少期にいじめを受けたことがきっかけで異性との付き合いに積極的になれず、処女であることのコンプレックスから、勇気をふりしぼって女性用風俗の世界に足を踏み入れた。中には親から虐待を受けたことで心を病み、その苦しみから逃れるために女性用風俗でSMに目覚め、奴隷になっているときにだけ解放されるという女性もいる。

女性たちの性を巡る様々な人生のエピソードや葛藤には、私たちの社会に巣くっている不条理の数々が重しのようにくくり付けられている。

本書では、買う側の女性の心理とともに、買われる側のセラピストや、女風店の経営者であるオーナーの本音にも肉薄した。彼らがどのような思いでこの仕事に従事しているのか。その知られざる実情を詳らかにすることで、女性の性を取り巻く輪郭を多角的な視点で知ることができるだろう。

また昨今女性用風俗の周辺を巡っては、新たなムーブメントも起きている。女風をコンセプトにした女風バーが新規オープンして、女性たちに人気を博しているのだ。

そんな、女風ブームという現象から垣間見える女性の性の実像にも迫っている。何度も繰り返すが、「買う女性」たちは、ごくごく普通の会社員や、専業主婦など私たちの身近にいる人たちである。もしかしたら、あなたの彼女かもしれないし、妻だったりするかもしれない。

そんなどこにでもいるような女性たちが、もはや世の男性たちからはとても期待できないであろう、数多の欲望に応えてくれる女性用風俗という新潮流に心を躍らせ、色褪せた現実からの脱出を企てようとしているのだ。彼女たちが女性用風俗に夢中になるその背景には、私たちの社会の裏側で進行しているセックスや愛の〝貧困〟があるのは間違いないだろう。

令和の時代に入って、昭和、平成の時代に蓄積されてきた女性たちのフラストレーションが、一挙に顕在化し始めたと言えるかもしれない。潜在的なニーズとしてずっと存在した女性たちの欲望が、堰を切ったように溢れ出したのだ。

性の世界は、いつも私たちの社会の深層を如実に映し出している。一〇年以上前から風俗の現場やAV、またはセクシュアルマイノリティなどに関する取材をしたり、当事者から様々な話を聞いてきたりした立場から、私はそのことを常に実感している。

女性用風俗によって癒され、果ては救済の糸口を見出すこともある女性たちの性の冒険――。現代ニッポンの水面下で一体何が起きているのか。本書では、その驚くべき全容をつぶさにお伝えしたいと思う。

第一章

処女と女性用風俗

「処女が重い」

同世代の友人たちから、私がよく耳にする言葉だ。

「うちの店のお客様の約二割は、これまでに性経験のない、いわゆる処女の方になっています。年齢は、三十代後半から四十代の方が多い。フルタイムの仕事を持って経済的にも安定していて会社員として普通に働いている方です。そのほとんどが、お勤めはまじめにされていて、容姿も一般的な普通の方ですよ」

そう話すのは、都内で女性用風俗店を経営するオーナーである。

国立社会保障・人口問題研究所によると、異性との性交渉の経験がない未婚者割合は、男女ともに一九九〇年代前半までは減少傾向にあった。しかし、この傾向は男性では一九九〇年代後半、女性では二〇〇〇年代初頭から歯止めがかかり、その後、性経験のない未婚者割合は上昇に転じている。直近の二〇一五年の調査では、三十代前半の男性を除き男女ともにすべての年齢層において、性経験がないと回答した未婚者の割合が前回の調査よりも上昇している。

性経験のない未婚女性の割合は、一八〜三四歳では、四四・二%、三五歳〜三九歳に限ると、三三・四%、つまりアラサー女子の約三割が、処女であるということになる。

そんな社会情勢の中、女性用風俗を処女喪失のブレイクスルーとする動きが起きつつある。性経験がなかったり、少なかったりする女性たちをターゲットにしたハグや添い寝を売りにした、ソフトなサービスを提供するお店も登場しているのだ。

前出のオーナーは、その理由についてこう続ける。

「今は普通に会社と家を往復しているだけでは、恋愛はとてもできない時代なんです。セクハラやパワハラが叫ばれるようになり、男性たちは会社で女性に声をかけることにもかつてないほど慎重になっています。考えてみてください。社内恋愛が起きて、寿退社が当たり前だった時代と違って、今の会社では女性をデートに誘うことすら、とてつもなく難しいんですよ。

そんな社会は、モテの偏在、格差をますます生み出す。そうなると男女関係なく、性的に置いていかれる人はずっと置いていかれたまま。現代社会において、処女や経験の少ない人たちを取り込み、ターゲットにした〝モテの格差〟で商売をしているのが私たちだと言えるでしょう」

男女雇用機会均等法の施行（一九八六年）以降、職場での男女平等の意識は少しずつながら進み、女性たちは一人で食うには困らない経済力を持つようになっている。また昨今

では #MeToo 運動に代表されるようにパワハラやセクハラ問題がSNSなどを通じて、社会的にも深く認知されるようになった。

その一方、バブル崩壊などもあり、かつての企業共同体はあっという間に崩れ去った。ゆりかごから墓場まで、企業が面倒を見てくれる時代は終焉しつつある。そして、職場など身近な環境では異性との「自然な出会い」がかつてなく困難な時代となりつつある。

現代を生きる女性たちの心と体に何が起こっているのか。この章では、現代ニッポンの水面下であえぐ、「処女」たちのリアルな性に迫った。

（1）「やらみそ女子」の処女喪失——あゆみさん（三五歳）

†「自己肯定感を上げたかったんです」

「女性用風俗のユーザーさんがいれば、ぜひ紹介してほしい」

長年の付き合いのある週刊誌の記者に声をかけると、一人紹介したい女性がいるとの返事が返ってきた。どうやら、雑誌の企画で「やらみそ女子」の特集を行った際に応募してきた三十代の女性が、最近女風を利用して処女喪失したらしい。ちなみに「やらみそ女子」とは、ヤラずに（セックスせずに）、三十代（三十路）になった女性のことを指す。雑誌でこの特集を行うということは、やはりこのテーマに社会的な関心が高いことの現れだろう。

そう思いながら、かつて「やらみそ女子」だった女性と早速会うことになった。

休日の東京郊外の喫茶店。時刻は午前一〇時。待ち合わせ場所の喫茶店の入り口に、中肉中背でショートカットの黒髪に黒のパンツ姿といういでたちの女性が現れた。その人の名前を増井あゆみさん（仮名・三五歳）という。

その朝、私は運悪く持病の鼻炎が悪化していた。薬を飲んでも鼻水が止まらず、ズーズーと鼻をすすっている。そんな私を気の毒に思ったのか、あゆみさんは「大丈夫ですか？　なんだかとても辛そうですね」と心配そうに声をかけてくれた。

優しくて気遣いができる女性。それがあゆみさんの第一印象だ。

休日とあってか、父親に連れられた小さい子どもが店内をキャッキャと楽しそうに走り回っている。真ん中の席にはスポーツ紙を広げて紙面に目を落とす高齢男性の姿がある。けだるい朝の時間――。私たちはモーニングセットを注文すると、最も人目につかなそうな一番角の席に向き合った。聞くと、あゆみさんは都内在住で、ネット通販関連の企業に勤務しているという。

「自己肯定感を上げたかったんです」

なぜ、女性用風俗を利用しようと思ったのか。単刀直入にそう尋ねる私に、あゆみさんの口から出た言葉は意外なものだった。女性用風俗の利用者は、一般的には多少なりとも性的な快楽への興味や欲求が切実にあり、それがほかの欲求とぐちゃぐちゃに入り混じっているものだ。しかし、あゆみさんからはそんな欲求を微塵も感じない。彼女は、女性用風俗に何を求めていたのだろう。

あゆみさんの長い物語が始まる。

†「女風」との出会い

一年前のある日、あゆみさんがスマホでツイッターを見ていると、女性用風俗の体験ルポ漫画がふと目に止まった。

「こんなのがあるんだ」

――これはラストチャンスかもしれない。年齢的にも、これが人に裸を見せられる最後のチャンスだ。すぐに利用を決意した。それは人生の一大決心だった。

雪がしんしんと降りしきる寒い日。かじかんだ手を温めながら、池袋駅北口のレンタルDVD屋の前で、あゆみさんはその人を今か今かと待っていた。

その人とは、初体験を共にするセラピストである。今から数時間後、あゆみさんは、会ったこともない男性と、肌を重ねる。池袋駅北口には、広大なラブホテル街が広がっている。待ち合わせにはちょうどいいらしいが、あゆみさんにとっては、足を踏み入れたこともない全く未知の世界だ。

ホームページを見て自分と年齢が離れていないこと、自分よりも背が高いこと、清潔感があることを条件にして絞り込み、見つけたセラピストだ。事前に処女であることはＤＭで相手に伝えてある。

時間がきて、セラピストが現れた。その男性はスマホ画面で見たそのままのルックスで、まさに爽やかなタイプ、あゆみさんの条件にピッタリの相手だった。二人でラブホテルに着くと、まずカウンセリングシートを書かされた。

触れられたい部位やＮＧの箇所、どんなことをしてみたいかなどの項目が並んでいる。すべてが初めての経験であるあゆみさんは、男性の体にも興味があった。そこで「攻めてみたい」という項目を見つけ、すかさず○をつけた。

処女であるあゆみさんは、そもそもラブホテルに入った経験がない。ガラス張りの浴室に、巨大なバスタブ。ギラギラとした室内に鎮座する巨大なベッド。これまで全く触れたこともなく見たこともない世界がそこには広がっていた。処女喪失以前に、ラブホテルの部屋の中そのものが衝撃で、まるで遊園地のようだった。

「こんな大きなお風呂がほんとにあるんだって思いましたね。とにかく緊張していて、でもただじっとしているのもさらにガチガチになりそうで嫌だったので、部屋の中を色々動き回って探索していました。それでお風呂場を見て、でかっとか、へぇー、ラブホの浴室って、本当にガラス張りなんだとか、いちいち感心したんです」

お互いシャワーを浴びてベッドに移動し、いよいよ、施術に入る。バスローブを着けた状態で寝ころび、通常の揉みほぐしから始まった。聞くとセラピストの本業は美容師らしく、それもあったせいか、すぐにリラックスした。

最初はガチガチだったが、徐々に体がほぐれていくのがわかる。そして、その延長線上で、極めて自然にきわどい部分に手が延びていく。セラピストは、初めてのあゆみさんを気遣いながら、「痛くないようにするから」とあゆみさんを安心させ、その言葉通り、ゆっくりと無理のないペースで、あゆみさんの体を開かせていく。

そして、セラピストの指が自分の体内に入った瞬間、そこにはただひたすら感動という感情が湧き上がってくるのがわかった。

「最初はとにかく感動したんですよ。自分にもこういう行為ができるんだということがわかったから。それまでセックスって、美女にしか許されない行為だと思っていた。私が人前で裸になるなんてありえないと思っていました。セックスって、どうしても自分には全く縁のない行為だと思っていたんです。それが私にもできるんだという気持ちに変わったのが、その瞬間だったんです」

それは、まさに劇的な瞬間だった。痛みは全くなく、かといって快感に打ち震えるというわけでもない。緊張のあまり行為の前後の記憶が飛んでしまったが、ただ、とにかく心を打たれたことだけは漠然と覚えている。

「人にフェラをしてあげたり、舐めてもらったり、自分の体に手が入るのがこんな感じなんだと体感できたんです。現実にやってみると、意外と抵抗感なくできるものなんだなと感じました。私でも普通にできることなんだって、わかった。それは発見で、そして驚きと感動がありましたね」

†ツイッターでワンナイトに挑戦

自分の体に指を入れられるだけではなく、初めて男性の体に触れて、目の前で男性が射精する姿も見ることができた。すべてが新鮮な体験だった。しかし、女風のサービスの枠内では、本番行為をすることはできない。そこで、セラピストとの体験を通じて勢いづいたあゆみさんは、翌日ツイッターで知り合った男性と、ワンナイトのセックスに挑むことを決意する。

三四年間処女だった自分が、いきなり会ったこともない人とホテルに行く。なんてことをしようとしているんだろう、危険な行為かもしれない。一瞬そう思った。だけど冒険は止まらなかった。

男性器の挿入という意味では正確には、その男性とのセックスが初めての処女喪失ということになるのだろうか。あゆみさんは、初めて、男性が体内に入ってくる経験をした。しかし、前日にセラピストとの予行演習があったため、「これが人に抱かれるってことか。セックスって意外と普通なんだな。特別なことじゃないんだ」そう、感じることができた。

そこまでゆっくりと話すとあゆみさんは一息ついて、コーヒーを口に含んだ。

あゆみさんは素敵な女性だ。話していて楽しいし、何より気遣いができるし優しくて思いやりがある。頭の回転も速くて聡明だ。ルックスも体型も、ごく一般的な女性だと思う。私が男性なら、彼女のような女性と付き合いたいと感じる。

だからこそ、あゆみさんの端々に現れる言葉が気になった。彼女の口からは、ことさら性の話になると、「自分なんて」「自分にも」という自己を卑下した言葉が頻繁に飛び出すからだ。それは、聞いていて思わず痛々しいと感じるほどでもある。

なぜ、あゆみさんはこれまでセックスが自分と無縁の行為であると思っていたのだろう。彼女はなぜそこまで性に関して、自分を蚊帳の外に置いていたのだろう。

†容姿でいじめられた

「小さい頃から、容姿のせいで異性にいじめられていたんです。だから、自分に自信がないんですよ。男の人に縁がないのは自分の容姿に原因があるからだって、ずっと思ってたんです。本当に誰からも相手にされないんじゃないか、嫌がられるんじゃないか、そう思っていたんですよ」

物心ついたときから容姿をネタにからかわれた。小学校の頃は、同じ背格好の女子と一緒に、男子から「ブス」「太った女」と暴言を吐かれることが日常だった。

中学になると、一緒にいじめられていた子も、手の平を返したように男子と一緒になってあゆみさんの陰口を囁《ささや》くようになる。まさに孤立無縁だった。

そんな経験を経たあゆみさんは、「こんな私が男性に好きだなんて言ったら迷惑だろう。確かに私は太っているし、可愛いタイプではない」。いつもそう思って、自分の感情を押し殺していた。いじめはゆっくりと人の心を殺し、蝕んでいく。幼少期からの体験は、あゆみさんに暗い影を落とし、コンプレックスと卑屈さで心身を覆っていく。

それでも三五年間も生きていたら、男性と付き合うチャンスがなかったわけではない。大学生の時に、バイト先で好きな人ができたのだ。でも、最後まで自分の気持ちを伝えることはできなかった。

「私なんかが告白しても、彼にとって迷惑だろう。告白して、逆に気を使わせたくないし、どうせ振られる」

彼に告白するタイミングはいくらでもあったが、そう思うと、最後までその一歩を踏み出す勇気が出なかった。二十代半ば、周囲の友人たちは婚活を始めてバタバタと結婚していく。友達が結婚したり、初体験したりしたと聞くと、気持ちだけは焦る。処女って重いな、だけど、セックスは付き合ったカップルがするもの。だから私は一生処女かもしれない。そんな漠然とした危機感を抱きながら、ズルズルと二十代が過ぎていった。

あゆみさんは、一人で完結する趣味が好きだった。海外ドラマや映画を観たり、舞台を鑑賞したり、これらの趣味は、すべて一人で完結するし傍観者でいられる。とは言っても、性欲は人並みにある。だから、自慰行為はする。しかし、自分が当事者となってセックスしたり、犯されたりするような性的な妄想をすることは一度もない。こと性的なことにおいて、自分には関係のないこととして封印し、己を消し去り画面の外に追いやっていた。

「今思うとこれまでの私の人生で、コンプレックスによって失ったものが沢山あると思うんです。学校で異性からどういう扱いを受けるかって、その後の人生においてすごく大きいんだなと思いました。私は幼少期からの体験に、自分の人生まるごと左右されたと感じるんです。いじめって人生において、異性との関係にまで影響するんだなと思うんですよ」

†私は主人公にはなれない

初めて女風を体験してから、どんな人たちが利用しているのかが気になったあゆみさんは、ツイッターで検索をかけてみることにした。すぐに女風ユーザーたちのアカウントの一覧が表示される。

そこには、あゆみさんの利用動機とは全く違う人たちの世界が広がっていた。属性を見ると、主婦やシングルマザーなどパートナーがいたり、過去にいたりした人たちが多い。あゆみさんのように処女喪失を目的にした人は、見当たらなかった。ツイートを見ると、彼女たちはネイルをしたり、エステに行ったりして、「女」としての人生を楽しんでいた。

あゆみさんから見て、彼女たちは自らが当然のごとく物語の「主人公」として立ち振る舞う、プリンセスであった。精神的にも肉体的にも性を謳歌する余裕がある、経験豊富な人たちに見えた。そして、人生においてちょっとしたスパイスとして利用しているのが、女風だった。彼女たちは、「色恋」と呼ばれる恋愛の駆け引きのすったもんだまで楽しんでいるようである。

処女でコンプレックスまみれのあゆみさんにとっては、遠い世界の人たちで、あまりに生きている世界が違いすぎた。羨ましいなと思った。

「ツイッターを見ていると、女風のユーザーさんの多くがセラピストと会う前におしゃれしたりして、いわばゼロの状態からプラスにすることで、その瞬間を楽しんでいると思うんです。だけど、私にとってはセラピストと会うときは、そもそもマイナスをゼロにする作業から始まるんですよ。会う前の時間を楽しむという感じではなくて、「今の状態より、せめてマシになって会わないと、自分が恥をかいちゃう」というマイナスの意識からのスタートなんです。どうしても卑屈さが抜けないんですよね」

相手に不愉快でない格好、最低限の清潔さを保つ下着で会うこと。それが男性経験のないあゆみさんにとってセラピストと会うときに一番気をつけたことだ。性的な接触すら初めてのあゆみさんにとって、彼女たちのようにおしゃれを楽しむなんて余裕はない。

あゆみさんは、セラピストと鏡の前で並んだときのことを話してくれた。ふとした瞬間、自分の顔とセラピストの顔が、鏡にくっきりと映っていた。あの瞬間、イケメンのセラピストと並んでいる自分の顔に思わず嫌悪感が湧いた。やっぱり私は可愛くないし、太っている。楽しかった時間が崩れ、現実に引き戻される。そこにいるのは、コンプレックスまみれの自分の姿だった。

「女風は私みたいに卑屈な人間だと、より自分と向き合わなきゃいけなくなる。女風が教えてくれたのは、コンプレックスは自分自身の問題だということ。それは、誰かの優しい言葉で癒されるものじゃなくて、私にとっては、もっと深いところにあるものだった。そんな私にとって女風は自分自身と向き合ういいきっかけというか、荒療治になったと思います」

あゆみさんにとっての荒療治は、女風をきっかけに処女を失ったことだけではない。自ら週刊誌に応募して語ることも、自分と向き合う画期的な体験となった。

あゆみさんは、当時のことを振り返りながら、こう語る。

「きっとこの話を誰かに聞いてほしかったんだと思うんです。友達にも誰にもこんなことは話せないし、今まで話したことないんです。でも週刊誌の記者さんなら、全くの他人だから話せる。あの時、自分の体験を話してすごく楽になったんですよね。だから記者さんには本当に感謝しているんですよ」

あゆみさんが話したかったのは、突き詰めていえば週刊誌の記者が求めていたような「やらみそ」の面白おかしい話ではないだろう。聞いてほしかったのは、彼女が三五年間抱えていた人生の苦しみの歴史だ。そして、その人を縛り付けてけっして離そうとしない目に見えない枷《かせ》である。心ない言葉たちは、積もり積もって身も心もその人を傷つけ、膿み、蝕んでいく。あゆみさんは、そんな自分から自由になりたいと願い、他人に人生を語ることにしたのだった。

私自身、背が高いことなどでいじめられて、不登校になった経験がある。だからこそ、これまでのあゆみさんの人生の苦しみを思うと、心がキリキリと痛んだ。

それでも、人は誰かとその苦しみを誰かと共有することで、少しずつその重しを手放せるのかもしれない。

あゆみさんは、結局、女性用風俗は三回利用して卒業した。ワンナイトのセックスも処女喪失以降は、パッタリとやめている。

†甘えてもいいかもしれない

あゆみさんがたどり着いた結論――。それは、結局、自分と向き合うのは自分しかいないということだった。女性用風俗を利用し、処女喪失して、これまで縛っていた体の枷が少しだけほぐれた気はする。それは、あゆみさんの体と心をずっと苦しめ、がんじがらめにしていた。

女風を通じて知ったのは、自分が主人公となる世界も無縁ではなかったということだ。いつか彼氏ができたら、普通にセックスをするだろうし、人に甘えたり、甘えられたりするのかもしれない。それは、もしかしたら自分の生きている世界と地続きにあるかもしれない。

手を延ばすことさえためらわれる、遠くてけっして届かないと思っていた世界の断片や手触り――。しかし、それは意外にもあっけないほど近いところにあった。リアルな男性との肉体的接触を得ることで、確信できたことだ。女風での体験を通じて、いつか自分もそんなことをするのかもしれないし、できるのかもしれないと思えるようになった。

処女喪失しても、自己肯定感は上がらなかった。いじめを受けたときのトラウマは今もずっと心に影を落としているし、コンプレックスもなくなったわけでもない。

それでも、あゆみさんにとって女性用風俗は、人生においてかけがえのない体験となった。

「処女喪失が遅かったからこそ、女風に飛び込んで、コンプレックスとようやく向き合えたんだと思います。若かったら逆にできなかったと思いますね。精神的に未熟だったからコンプレックスを抑え込むことができなくて、自分に負けていたと思う。でも大人になって、コンプレックスは、ただのコンプレックスだとようやく思えるようになったんです」

あゆみさんは、もはや自分が「主人公」になろうと思う気持ちはない。今はそれでいいと感じている。昔から舞台や映画の鑑賞が好きなあゆみさんは、傍観者としての立ち位置が何よりも好きだ。プリンセスのように物語の主人公になって翻弄されるよりも、その物語を俯瞰で見るような立ち位置にいることが何よりも楽しいことに気づいた。

あゆみさんは、ようやく人生のスタート地点に立てたのだと感じている。

最近、仲のいい友達がお見合いの末に結婚した。昔は友達の結婚の話題を聞くと、羨ましくて少しだけ卑屈になっていたが、今では純粋に心の底から「おめでとう」という気持ちが沸き上がるようになってきた。

「実は今、付き合おうかと思ってる人がいるんです」

あゆみさんは、これまでの体験を語り終えると、最後にそう言ってふっと私に笑いかけた。

幸せの形は多種多様だと言ってみても、自分自身を受け止められなければ空しいだけだろう。女性の社会進出が進み、五〇歳時未婚率は上昇している。女性が経済力を持つことで、恋愛や結婚だけが人生のすべてだという時代は、少しずつ変わりつつあるが、あゆみさんのように自己肯定感が低いまま、恋愛に乗り出せずに苦しんでいる女性は少なくない。いくら正社員でフルタイムの職を得ていたとしても、満たされない思いを持て余していては、生きづらいままだ。

近年ネットを中心にして、ルッキズムが話題に上るようになっている。ルッキズムは、「外見至上主義」と訳されることが多い。「外見による差別」を意味しており、特に「身体的に魅力的でないと考えられる人々を差別的に扱うこと」を指す言葉だ。

女性たちは特に、幼少期から常に様々な「美」や「可愛さ」を巡る視線に晒されているのが現実だ。あゆみさんのように、それによって深く傷ついた女性は思いのほか多いのではないかと感じる。コンプレックスは決して個人の問題にとどまるものではない。商品や広告といったメディアの影響だけではなく、社会の深層に根差した偏見や思い込みが、人々の感じる「美」や「可愛さ」を作り出している面があるからだ。

これからも鏡の向こうの自分をどうか、嫌わないで――。自分自身を、慈《いつく》しんで。あゆみさんだけでなく、私は多くの傷を受けた女性たちに心の底からそう祈らずにはいられない。

目に見えない痛手を負い、傷だらけになりながらも、それでもその先に待ち受けているのは、紛れもなく自分自身の人生である。そんな自分とどう向き合い、折り合いをつけるのか。その問いの答えを、あゆみさんは私に身をもって教えてくれた気がするのだ。

（2）初めての恋愛感情をセラピストに持つ——美里さん（三三歳）

†男は女をジャッジする生き物

マスコミ関係の会社で記者として働く山田美里さん（三三歳）も、女性用風俗で処女喪失をした女性の一人だ。あゆみさんと同じく、美里さんも小さい頃から容姿にコンプレックスがあった。男の人から告白されたことは一度もないし、体型もスレンダーでもないし、顔にあざもある。きっと自分は女としてイケてない部類に属するんだろう。小さい頃から、漠然とそう思っていた。

大学生になると、地味な外見の同級生でさえも、突然彼氏と同棲を始めたりする。そんな話を聞くたびに、徐々に焦りは強くなってくる。いつも頭の片隅には、自分は処女であるという負い目があった。

大学を卒業して就職した。回りを見渡すと、学生時代と変わらず男性たちの話題は職場の女性たちの容姿で溢れている。○○さんはかわいい、△△さんは最近太った――。男は女を常に残酷にジャッジする生き物。それが、これまでの美里さんの男性観だった。そして自分は、そんな男性のジャッジの対象からいつもあぶれる側だということも――。

男性から行われる女へのジャッジの最終地点、それはセックスにおける男性の勃起だと美里さんは考えていた。処女は重いし、性的なことへの関心もある。しかし、そもそもこんな自分に勃起してくれる男性が世の中にいるのだろうか。セックスするときに、勃起されなかったらどうしよう。美里さんにとって、それは女としての死を突きつけられているに等しかった。

それでも、処女であることに思い悩んでいた美里さんは、ある日ふと思い立ち、「処女喪失の方法」という言葉をネットで検索してみた。怪しげなサイトがズラリと出てくる。その一覧の中の女性用風俗が引っかかった。クリックすると、男性たちの顔写真が並んでいる。お金というツールがあれば、処女を捨てられるかもしれない。

「よし、これを利用してみよう」

そう決意した。

「とにかく昔から自分に自信がないんですよね。女って小さい頃から容姿とか愛嬌とか色々な面で否定されて育つじゃないですか。私はそうだった。だから心の奥で自分は男性と対等になんかなれないって思ってたんです。だけど女性用風俗だと、お金を払って下駄を履くみたいな感じだから、そこまで抵抗感がなかったんですよね」

美里さんが処女喪失の相手に選んだのは、絶対に人生で出会わないような軽いタイプ。職場は、総じてまじめで堅物っぽい文系男子が多い。チャラチャラした男性の方が女性に慣れていそうだし、そういうタイプの男性は、処女を重く捉えなさそうだ。そのためイケメンタイプはあえて外し、地方にいるマイルドヤンキーのような外見のセラピストを予約した。

街に少し浮わついた空気が漂う成人の日。それが美里さんにとって決戦の日となった。

美里さんは、酎ハイの「ストロングゼロ」を何本か空けて、待ち合わせ場所である新宿駅東口に向かった。心臓がどきどきして、緊張が止まらない。外は極寒で、凄まじい雪景色だった。とにかく今日絶対に処女喪失をやりきるんだ。そう心に決めていた。

セラピストは写真の通り、気のいいあんちゃんといった雰囲気で、本業は塗装工だと言った。

「実は、処女なんだけど。これで、最後までお願いしたいんです」

そう言って、三万円を差し出した。歌舞伎町のラブホテルに入るなり、美里さんはおずおずと告げた。そんな美里さんに対して、セラピストは大して気にもしてなさそうに「処女なんだ。おっラッキー。いいよいいよ」と、軽い返事が返ってきた。深刻に捉えられなくてよかったと、ホッと胸を撫でおろした。ヤンキータイプを選んだ自分は間違いじゃなかったのだ。そうして始まった初めてのセックスは、ぎこちないものだった。

「足、足。ずっと上げっぱなしじゃなくて、ベッドに降ろして」

すべてが初めての体験なので足を開けと言われても、どう開けばいいのかわからない。美里さんは、足を空中に上げっぱなしでマグロ状態でベッドにじっと横たわっていた。そんな美里さんに対して、セラピストは足の開き方や置く場所を逐一「指導」していく。

そしてようやくセラピストが体内に入ってきた時、ああ、私もやっと一人前になれたんだ、そう思って安堵した。聞いていたほどの痛みもなかった。女兄弟で育った美里さんには、男性のリアルな裸を見た経験がほとんどない。自分の体に男性の体が被さり、迫ってくる感触は圧巻だった。

――これがリアルな男の体なんだ。こんなに骨ばってるんだ。すごい。私って今AVみたいなことをしてる！

　そんな自分に興奮した。

「やっとこれまで夢にまで見た〝向こう岸〟にたどり着いた気がしたんです。AV女優みたいにアンアン喘いでみたり、男性器を舐めたりもしました。これもそれも、ずっと画面越しに憧れていて自分がやってみたかったことだったんですよ。気持ちよさよりも、自分の身に起こることのすべてが新鮮で、興味の方が勝ってましたね。セックスってそんなに悪いものじゃない。これは、イイって思いました」

女風で、せつない恋愛感情を知る

　実際にしてみると、セックスは決してきれいな体のAV女優だけの専売特許ではないんだと感じた。

　そんな興奮もつかの間、ふと別の感情が湧き上がってきた。グラリと心が動かされるのがわかったのだ。今まで味わったことのない、ぐちゃぐちゃに入り混じった感情。これが恋愛感情というやつか、そう思った。

「その時、初めて相手に執着しちゃう感じとか、独占欲が自分の中でムクムクと浮き出てくるのがわかったんです。これが漫画とかでよく出てくる嫉妬という感情なんだとか、歌に出てくる恋愛感情なんだってわかった。初めてセックスして、その感情を味わって、ああ、心と体は切り離せないって思ったんですよ」

処女だった時は、肩に何かがへばりついているような重さがあった。確かに今はその重さからは解放された。ただ、その代わりに自分の内部を攪乱させるような、揺れ動く激しい感情が美里さんを襲う。それはかつてないほど苦しく、切ない感情だった。もう後には引き返せなかった。

すべてが終わると美里さんはセラピストに、お店を介さずに個人的に会うことを提案した。お店を介さないで会えば、セラピストには全額お金が入る。セラピストもお金がほしかったのか、美里さんのことを気に入ったのか、とにかくその提案を快諾した。

こういったセラピストと客がお店を介さずに会ういわゆる裏引き行為は、本来は禁止されている。しかし、結局は男と女だけが密室で行うことなので、店側も実際はそれを完全に把握できずに、取り締まれないのが現実だ。

美里さんとセラピストは二人で会うようになり、セックスをしたり、しなかったりした。多いときには週一で会い、ご飯を食べたり外で会ったり、デートのようなこともした。美里さんは当初はセラピストにお金を渡していたが、それも減り最後は普通の男女関係に近くなっていった。「君といると楽なんだよね」、それがセラピストの口癖だった。そうして客とセラピストという当初の輪郭が限りなくあいまいになっていく。そうなると、別の悩みがもたげてきた。私は彼にとってセフレなのか、客なのか、恋人なのか。私って、いったいなんなんだろう——。

一年ほどそんな関係が続いた後、美里さんはセラピストと別れることを決意した。美里さん自身がそんな関係に耐えきれなかったのだ。客観的に聞いていると、その幕切れは客とセラピストではなく、もはや完全に男女関係のすったもんだと大差ないように思えた。

「セラピストと別れた直後、とにかく寂しくて仕方なかったんです。毎日泣いて過ごして身も心もボロボロになった。別れた後も彼の動向が気になって、気がつくとネットで名前を検索してる自分がいました。彼のSNSを見つけたんですが、妻子がいることがわかったんです。その時に、恋愛ってきれいごとじゃないし、思い描いていたようなキラキラしただけものじゃないんだって思ったんですよね」

傷つき傷つけあうことが恋愛関係の醍醐味だとしたら、良くも悪くも、女風はその恋愛のスタート地点に美里さんを引きずり出したのだ。

そんな女性用風俗の苦い経験は、美里さんに少なからずダメージを与えた。しかし、それは美里さんにとって、決して悪いことだけではなかった。セラピストとの経験を経て、自分も普通に男性とも付き合えるのかもしれない。そう思えるようになったのだ。

美里さんはその後、何人かの男性との出会いと別れを重ねた。そして、今も付き合っている彼氏がいる。男性にも色々なタイプがいて、容姿で女性をジャッジする人ばかりとは限らないんだと知った。また、たとえ相手が勃起しなくても、それが必ずしも自分に原因があるわけではないこともわかった。それは数多くの男性たちと裸のままで率直に話したり、体を重ねたりして気づいたことだ。

「女風を利用して処女喪失したら、きっと私は楽になれると思った。でも、それは間違いで、本当の苦しさって、その先があったんですね。実際は、セックスよりも恋愛の方が比べ物にならないくらい難しかった。それでも恋愛にハマっている最中は、どっぷりハマりきるしかないと思うんです。

私の場合心を持っていかれたから、それは新たな苦しみでした。でも、よく考えたら人生自体の苦しみって終わりがないですよね。今も彼氏との関係で悩んだりもするんです。それでも処女の頃のような一人で思い悩んでしょい込んでいたときよりは、誰かと正面から向き合うほうが全然いいって思えるんです」
そう言って、美里さんは顔を上げてしっかりと私を見つめた。

「愛ってなんだろう」

女性用風俗によって、美里さんは処女喪失し一歩を踏み出した。それは、自分をかき乱すような、これまでにない新たな感情も知るということだった。処女時代とは違う新たな人生の「痛み」を引き受けることでもあり、第二ステージの始まりだとも言える。それでも、美里さんは処女喪失して、相手と共に痛みを引き受ける人生も、今は悪くないと思えている。

愛ってなんだろう――。それが、今の美里さんの問いだ。

ある日、会社の先輩に連れられて映画を見た。それは、『愛について語るときにイケダの語ること』という映画だ。主人公は、風俗経験は豊富でセックスは幾度となく経験しているが、女性との恋愛経験に乏しい四肢軟骨無形成症のイケダさんという男性である。そんな彼が、余命わずかと宣告され、死の間際に、「愛」を探し続けるというドキュメンタリー映画だ。

風俗大好きの明るい性格のイケダさんは、お金を払ってするセックスは得意だ。しかし、いざ恋愛になると、途端に硬直し臆病になってしまう。愛って、好きってなんだろう――。美里さんはスクリーンの中のイケダさんを通じて、自分に問いかけていた。

「デートがしてみたい」それがイケダさんの願いだった。イケダさんは、死の寸前まで愛とは何かを知ろうと試行錯誤していた。しかし、その道半ばで、若くして亡くなってしまう。

真っ暗な劇場のスクリーンの中で、愛を巡って翻弄されるイケダさんに美里さんは痛いほど共感した。イケダさんと同じく、美里さんも同じく初めてのセックスの相手は風俗だった。

確かにお金を払って体を買い、性欲を発散することはできる。だけど、心と体は繋がっているから、痛かったり苦しかったりする。処女喪失するまで、そんな世界は自分にはほど遠く、実体のないフワフワした想像の産物、絵空事だと思っていた。しかし、今では愛は現実として、自分の心と体にリアルに起こっていることだった。

「映画の中のイケダさんは、「愛ってなんだろう」ってずっと言ってたんです。私もそれを追い求める感覚がすごくわかるって思ったんですよ。昔の処女の頃の自分がそうだったから。ただ、今は愛とか人を好きっていう感情は、処女の頃に思い描いていたような、輝いているだけのものではないとようやくわかってきた気がするんですよ」

どこか愁《うれ》いを帯びた表情を浮かべた美里さんが、何も言わずに私を見つめる。美里さんは、ようやく身も心も「向こう側」から「こっち側」に飛び込んだんだと感じた。

美里さんは、イケダさんがスクリーンの向こうから投げかけた究極の問いを時折思い出しては反芻する。彼女自身も人生において、その答えを探しているからだ。

美里さんが言うように、愛にはドロドロしていたり、ひりひりしたりするような人間の営みがあって、でも時にハッとするような美しさがあり、その両面があるからこそ、輝きを帯びるのだろう。彼女は自らの人生を通じて、その輪郭を掴みつつあるのではないだろうか。それは、とてつもなく素敵なことではないだろうか。

女性用風俗は、美里さんにそんな人生の問いを突きつけ、それと向き合うことの豊かさを教えてくれたのかもしれない。

第二章

妻として母としての人生では満たされない欲望

（1）四十路後半、子育て後に湧いてきた欲望——幸子さん（五三歳）

✝母としての人生が終わった日

「母さん、今まで心配かけてきてごめんね。僕は自分の人生を歩いていくから、母さんは母さんの人生を歩んでください」

就職が決まった日、息子はそう言って床に膝をついて泣き崩れた。

ああ、そうか、ようやく息子は親離れしたんだ。ずっと小さいままだと思っていた。これまで夫と共にがむしゃらに働き一人息子の学費を稼いで、さらに家事にと明け暮れていた。しかし気がつくと自分は中年になり、息子は大きくなって、立派に私から卒業しようとしている。これからは、息子の学費も稼がなくていい。私の母としての人生は終わったんだ——。

大きくなった息子の姿を見て頼もしく思う。その反面どこか寂しくもあり、心にぽっかり穴が空いたようだった。これまでの人生でずっと張り詰めていた緊張の糸が、プツンと切れた。

そんな喪失感とともにムクムクと湧き上がってきたのは、狂おしいほどの女としての性衝動だった。それが四十代も後半に差しかかろうとする中年期に、突如として襲ってきたのだ。

「今思うと、これまで妻や母として生きるのに必死で、ずっと女の面を封印してきたんでしょうね。それが息子が離れた途端、突然自分の内部に溢れ出してきた。性欲がぶわっと湧いてきて、それ以降は食事をする気にもならないし、夜も眠れなくなって、自分の欲望を抑えきれなくなったんです」

佐伯幸子（兼業主婦・仮名・五三歳）さんは、そう言うと真剣に私に向き合った。幸子さんの外見は大人しそうな普通の主婦といった印象である。そんな幸子さんから、開口一番飛び出したのは、「ぶわっ」とした性欲の話だった。

とにかく、幸子さんは「ぶわっ」と湧いた欲望を持て余していた。誰かと無性にセックスしたい。誰かに触れてほしいし、抱き合いたい。ふと気がつくと、はるか昔、夫と結婚する前に付き合っていた人の連絡先を無意識にスマホで漁っている自分がいた。「私ったら結婚してるのに何やってるんだろう」――慌ててスマホを投げ出し、踏みとどまった。思えば夫とは二〇年以上、夜の生活はご無沙汰だった。

夫は大病を患ってからというもの、セックスしたがらなくなった。どうやら、勃起しないことも気にしているらしい。それでも、何度か夫を誘ってみたことがある。

「旦那に夜の営みの打診はしたことがあるんです。挿入がすべてじゃないし、最近だと抱き合うだけのセックスもあるみたいよって。でも要は、旦那は自分中心なんですよ。昭和の人間だからか、相手を気持ちよくさせてあげようという奉仕の心がない。自分が気持ちよくないとつまらないみたい。結局私がフェラとか手でやってあげるばっかりになっちゃって、興ざめして疲れちゃった。私はやりたいけど、あまりしつこくも言えない。家庭の雰囲気も壊れるからもういいやって、この人に何を期待しても無駄だって、諦めたんです」

――それにしても四十代後半にもなってこんなに性欲が出てくるなんて、私ってちょっとおかしいのかもしれない。

そう思った幸子さんは、ネットで中年期の女性の性欲について検索することにした。ネットの情報によると、自分の身に起こった衝動は決して異常なことではないらしい。女性ホルモンの関係で、中年になって性欲が強くなることもある。そして、あるサイトでは女性の性欲解消の手段の一つとして女性用風俗を紹介していた。そうはいっても、これまでの結婚生活で一度も不倫したこともないし、ましてや風俗なんて男がいくものじゃないの。そう思った。

そもそもバブル世代真っ只中で、その時代を駆け抜けた幸子さんにとって、食事やデート代などは男性が支払うのが当たり前だった。そのため、自分が男性にお金を払うという行為にまず葛藤があった。若い頃、男性にモテモテだったのにというプライドが頭をもたげてくる。それでも一度燃え上がった悶々とした衝動は、いくら待っても収まることを知らない。背に腹は代えられない――。そう思った幸子さんは、意を決して女性用風俗の利用を決めたのだった。

それは、普通の主婦として生きてきた女性の性をめぐる「大冒険」の始まりだった。

†「四十代の優しいお兄さんが行きますよ！」

おばさんだし、若い男の子に自分の裸を見られるのは抵抗がある。だから、相手の年齢はなるべく高い方がいい。そう思った幸子さんは、ネットで探したお店に直接電話して、自分の条件を伝えることにした。

「できれば年齢が高い人の方がいいんですけど」

「それなら、四十代の優しいお兄さんが行きますよ！」

電話の向こうの男性は、明るい声でそう答えてくれた。

四十代って私には全然「お兄さん」じゃなくて、同世代なんだけどな、心の中で思わずそう突っ込んでいる自分がいた。

平日の昼間。夫も息子も家にはいない。そんな時間を指定して、幸子さんはこっそりと都心に出かけた。待ち合わせ先にやってきたのは、清潔感のある四十代のセラピストだった。彼の案内通りラブホテルに二人で入る。

「まずはお風呂に入ってゆっくり温まってください」と促された。幸子さんにとっては何もかもが初めてのことだ。指示されるまま、一人で服を脱いで風呂に入る。とにかく言われた通りにしよう。幸子さんは馬鹿正直に湯船にずっと浸かっていた。あまりに長時間浸かり過ぎて、徐々に頭がのぼせてクラクラしてくる。それにしてもいつまで風呂に入り続けていればいいのだろう。そう思っていた矢先、長風呂を不審に思ったのか、心配そうなセラピストのかけ声で我に返った。

「あのぉ、大丈夫ですか？」

いつお風呂から上がればいいのかわからないと幸子さんが訴えると、セラピストは「えっ！」と驚いている。そしてドア越しに「好きなタイミングで上がってもらえればいいんですよ」と困った様子で返事した。

そういうものなのね。安堵してようやく浴室から解放されると、ベッドに横たわることを促された。全身の揉みほぐしが始まり、いよいよ念願の性感となる。

しかし、二〇年間閉ざされた扉はそう簡単に開かれるような生易しいものではなかった。セラピストが持っていたディルドをいざ入れる段になって、膣に激痛が走ったのだ。ディルドとは張形とも呼ばれ、ペニスの形をした大人のおもちゃだ。そのおもちゃが、痛かった。

「これまで二〇年間開かずの扉だったので、いきなりこじあけようとしてもとにかく痛いんですよ。おもちゃを使ってみましょうと言われて入れてもらったんですが、それでも痛い。最後は、僕の指だけでと言われて、かろうじて指は入ったんですけど、気持ちいいという感覚はなくて、違和感しかない。それでなんかよくわからないうちに、コースの二時間があっという間に終わっちゃったんです」

不完全燃焼だった幸子さんは、その後セラピストに、ツイッターのDMで相談することにした。高まったときに一人で性欲を解消するにはどうすればいいのだろう。するとセラピストは、やはり、ディルドで慣らし、そこからオーガズムを得る方法を勧めてきた。その中でも一番小さいサイズの「ジュニア」がお勧めだという。ジュニアはディルドの中でも、直径がスリムなものだ。芯がなく柔らかいものもあり、初心者にも扱いやすい。まずはそれから始めて徐々に大きいサイズに拡張し、ステップアップしていけばいいとアドバイスしてくれた。

どこで買えるのかと聞くとAmazonで買えるという。Amazonでは、お茶とか日用品しか買ったことない。幸子さんは、さっそくディルドを購入し、コンドームを被せて膣内に挿入してみた。最初は痛かったが、何度もやるうちに徐々にその大きさに慣れていった。

†「今日一日だけ僕の恋人でいてください」

女性用風俗店は、それぞれ様々なキャンペーンを行っている。ある日、別のお店の「平日昼顔デー」というキャンペーンを見つけた。これなら昼間だから家を抜けられるし、前の店より金額もかなり安い。しかも、プロフィールに元AV男優と書かれているセラピストがいた。今度はこの人を指名してみよう、そう思って早速会うことにした。

「僕は一日一人しかお客さんは受け付けないんです。それは、自分も相手のことを好きにならないと、そういう行為はできないから。今日一日幸子さんのことを好きになってもいいですか?」

現れた男性は会うなりそういって、幸子さんをときめかせた。なんて素敵な人なんだろう。元AV男優という肩書きは伊達ではなかった。そのセラピストは会った瞬間から女性との甘い時間と空間を作りだすことに長けていた。見事に魔法にかかった幸子さんは、まさしく身も心もシンデレラとなったようだった。

「今日のこの時間だけは、幸子さんをずっと好きでいさせてくださいね」

そう言うと、セラピストは部屋に入るなり幸子さんを抱き寄せた。

「僕の膝の上に座ってください」

「いや、私、重いから」そう言って遠慮しても、「大丈夫だから、座って」と抱き寄せてくる。

セラピストは幸子さんをだっこする姿勢で、やや強引に膝の上に座らせた。そして、ゆっくりと体を密着させた。これから、私の身にどんなことが起きるんだろう。そう思うとドキドキが止まらなかった。

「その人は、一人目の人と全然違ったの。性感では指を入れられたんですけど、久しぶりにこんなに声を枯らしたというくらい絶叫した。すごく気持ちよかった。自分の体に何が起きたか、わからなかったんですよ。そのぐらいすごかった」

女性は、男性の所作を思いのほか観察しているものだ。女風のセラピストの場合、日常的な何気ない行動がマイナスポイントになることも多い。例えば、ホテルにあった水のペットボトルを当然のごとく持って帰る、飲食物を汚い状態のまま放置する。靴を揃えない。細かいことだが、こういったがさつさに女性たちは幻滅する。そんな振る舞いは女性たちの心を萎えさせ、その細かい積み重ねにより、リピートに繋がらなくなったりする。しかし、そのセラピストは動きのすべてがスマートだった。

セラピストは行為が終わった後、ベッドメイキングをして、使用したタオルを自然な動作で畳んでいた。幸子さんのロングブーツの着脱にもサッと手を貸し、ぐちゃぐちゃに乱れた服をきれいに畳んで手渡してくれた。完璧なエスコートだと感じた。

「僕、この後お客さん取ってないんです。だから、残りの時間はギリギリまで幸子さんの恋人でいさせてください」

そう言ってホテルを出ると幸子さんの荷物を当たり前のように持ち、恋人つなぎをしながら、駅まで見送ってくれた。胸がときめいた。それでも多忙な兼業主婦に、タイムリミットはやってくる。夕食の時間が迫っている。幸子さんは、その日、新宿伊勢丹で総菜を買い込んで慌てて帰宅した。しかしそれ以降、世界がまるで違って見えた。それから、度々彼のことを指名するようになる。

†口でのキスはしない……はずだった

一九九〇年に公開された大ヒット映画『プリティ・ウーマン』の中で、ジュリア・ロバーツ演じる主人公の情婦は、上客に対して体は許してもキスは許さなかった。なぜなら、相手を本気で好きになってしまうから。

私は結婚しているし、エッチなことをして、相手を好きになってしまったら大変だ――。映画を見ていて不安になった幸子さんは、そのセラピストのカウンセリングの時、NG項目に「口のキス」と書いた。セラピストは、それを忠実に守ろうとした。唇が触れるか触れないか、そのギリギリのせめぎ合い、攻防戦が続く。しかし、密室の男女の欲望はそんな紙切れをゆうゆうと飛び越えていく。

「キスの寸止めはしたんですよ。でも寸止めをすると、余計に気持ちが盛り上がったんです。うんって止まって、唇がくっつきそうになって離れて、ダメってなって留まる。だけど、逆にそれがお互いの刺激になっちゃった。それで三回目くらいで、いっかぁと結局やっちゃった。寸止めが長かった分、ドキドキして楽しかった」

しかしそんなアバンチュールも長くは続かなかった。半年後、彼はお店を辞めてしまったのだ。何とも言えない喪失感が幸子さんを襲った。沸々《ふつふつ》とした欲望だけが残り、再び女風の放浪の旅が始まった。

†疑似恋愛にハマる

セラピストにどっぷりハマることを、業界用語で「沼る」という。幸子さんはその後、あるセラピストにハマっていく。そのセラピストと会うのは月一回だったが、毎日のメールは欠かさなかった。「おはよう」「今日、今から仕事なんだ」「お仕事頑張って。無理しないでくださいね」。何気ないやり取りを通じて、「好き」という感情がムクムクと湧き上がってくるのに気付いた。

そうやって積み重なった日々のやり取りが、恋人同士のようで楽しくて、ワクワクした。一カ月で六キロも体重が減り、肌艶も良くなっていく。それは、ずっと忘れていた感情のさざ波で、かつての遠い記憶、恋愛していたときを思い起こさせた。初めて女風に行ったときは何も感じなかったのに、その時初めて夫に罪悪感が湧いた。

「どこかしら主人に後ろめたさがあるんだけど、でもそれを隠して生活するというスリルもあった。一瞬、主人と離婚してこの人と一緒になったらどうなるんだろうって想像したりしてね。でも今思うとね、その人のことが本気で好きでというわけじゃなくて、ただ疑似恋愛をしている自分に酔いしれてるだけだったと思う」

幸子さんは当時のことを振り返り、冷静に分析する。結局、そんな疑似恋愛は半年で幕切れとなった。セラピストはお店を辞めてから、パタリと連絡をよこさなくなったのだ。あの人と私は、やっぱりお金で繋がってるだけだったんだな、そう思って我に返った。

幸子さんはその後、何人かのセラピストと会った。セラピストたちは、女性の体に関してはプロである。体中を優しくなぞるフェザータッチは、夫とのセックスでは全くないものだった。数を重ねるごとに、幸子さんは自らの体がもたらす快楽の甚深《じんしん》について知るようになった。どうやら自分の性感帯は、背中と耳らしい。それも百戦錬磨のセラピストたちが気づかせてくれたことだ。これまで眠っていた体の快楽スイッチが入るのを感じた。

ある日ネットサーフィンをしていて、甘ったるいセクシーなベビードール風のコスチュームを見つけた。一度着てみたい、そう思った。情婦が着るような艶かしい衣装は、見ているだけでテンションが上がった。

「今ね、すごいの。九九〇円の衣装がね、ネットにいっぱいあるの。テロテロの生地なんだけど、スケスケのやつが買えるの。それを何着か買ったんですよ。それをホテルに持ってって、お風呂から上がったら、これに着替えてやってみたいって、セラピストにお願いしたの。セラピストも、「おっ、いいですね!」って言ってくれた。あれってお腹の肉も隠れるし洋服もかわいくて、すごく楽しいの。安すぎて中にはすぐに生地が擦り切れちゃうのもあるんだけど、その場で使い捨てにしちゃうからいいよね」

そう言って幸子さんはふふふと、童心に帰ったかのように笑う。幸子さんは、お茶目な女性だ。そして、時折主婦のシビアな金銭感覚が覗くのがまた慎ましく、愛らしい。包み隠さず何でも話してくれるその姿勢に心打たれ、思わず身を乗り出している私がいた。

ランキング入りしている有名セラピストも何人か指名した。性感なしのデートコースだけ試してみたこともある。それでも、もう一度会ってもいいなと思えるセラピストには巡り合えなかった。

幸子さんの「性」の冒険に、終わりが近づいていた。

気がつくと生理がこなくなった。閉経したのだ。それ以降、あれだけ高まっていた性欲も不思議とダウンし、どこかへ消えてしまった。

「性欲は完全になくなったわけではなくて、たまにうわっときたり、急にさっと下がったりの波がある。だけど、今はセラピストに何かしてほしいという欲望はなくなっちゃった。高まったときは、ネットで検索して今どきのお道具ってどんなもんかなと探すの。これまでは恥ずかしかったけど、今はディルドも抵抗なく買えるようになった。だから一人でして満足。まっ、これでいっかと思うようになったの」

†かけがえのない仲間ができたということ

冒険の終わりには、予期せぬサプライズがあった。意外なことにそれは「男」ではなく、「女たち」だった。女風にハマるようになって情報収集のためにSNSを始めた幸子さんには、いつしかたくさんの女風仲間ができていたのだ。それはママ友とも仕事の関係者とも違う、第三の居場所だった——。

ママ友とは、子どものスペックを巡って意地の張り合いになりがちだ。あの子はどこの大学に行った、どこで働いている。子どものスペックが、ママ友のアイデンティティとなる。だから自分も弱みを見せられない。ママ友と夜の営みの回数の話題が出たとき、幸子さんは思わず月一回と嘘をついた。実際は夫とは何年もセックスレスなのに、つい見栄を張ってしまったのだ。そんなママ友との付き合いは表層上のもので、息苦しかった。

その点、ネットで知り合った女風仲間には自分を飾らなくていい。女風のユーザーという共通点があるから、自分の性的な悩みも包み隠さずしゃべることができる。夫とのセックスのこと、更年期障害のこと、性欲のこと、セラピストのこと、仕事のこと。自分のことを話すだけでなく、仲間たちの性の話を聞いているのが楽しくて、刺激的だった。

幸子さんにとって今一番楽しい瞬間は、女風仲間といるときだ。女風仲間は年代も職業もバラバラだが、「性」に真っすぐに向き合い、オープンで嘘がない。だから心が通じあえる。去年は女風仲間たちと一緒に関東の観光地に遊びに行ったし、ゴージャスなレストランでの女子会にも参加した。女風仲間は幸子さんにとって、心の底から打ち解けられる仲間たちで、大切な親友だ。

「ねぇ、今日、風呂の床で転んだの」「えぇ、痛そう。大丈夫?」

そんな何気ない会話がＬＩＮＥやＤＭでは飛び交う。女風仲間は全国にいて離れているが、いつも近くにいる感じがする。

「私、ふと気がついたんですよね。仕事仲間以外、誰も友達いないじゃんって。何でも自分のことを相談できる相手が、これまで一人もいなかったんだなって」

今まで家庭で精一杯だった。それは、家庭のために幸子さんが懸命に生きてきたからに他ならない。

しかし、母業を「卒業」した今、ようやく幸子さんは時には自分のために時間を使ってもいいのかもしれないと考えている。

本当に心と体が落ち着くのは夫

そんな母親の姿を、誰よりも喜んでくれていたのは息子だった。今やたくさんの友人に囲まれている幸子さんは、女風仲間との夕食会などに誘われる機会も増えた。女風仲間は会社員などフルタイム勤務の人も多く、属性もバラバラなため、夕方から会が始まるとついつい話が弾んで、帰宅が遅くなることもある。夫は不満げな顔を見せるが、息子はいつもそんな幸子さんをフォローしてくれる。

「お母さん、これまで夜に出かけることって人生でなかったよね。もういいんじゃない、自分の好きなことやっても。大丈夫だよ、今日は僕がちゃんと親父を子守しとくから」

そう言って息子は、進んで夫の晩酌の相手をする。

幸子さんはこれまで、家庭のことをおろそかにしたことはない。夫には、毎日手作り弁当を持たせている。ミルミルとお茶の入ったポットと、手作りのおやつ。それは、これまでの人生で一度も欠かさなかった。夫の勤める会社でも、幸子さんの愛妻弁当は評判だった。幸子さんは完璧な主婦で、実際良い妻で、良い母だった。仲睦まじい一家で、そこには長年築き上げてきた絆があり、それに今も偽りはない。夫がいて、愛すべき息子がいる。夫は幸子さんの冒険を知らない。きっと死ぬまで、知らないで過ごすだろう。

――これまでの人生で、一番良かったセックスは?

私はふと思い立ち、幸子さんに問いかける。すると、意外な答えが返ってきた。それは夫とした最後のセックスだという。

「二〇年くらい前かなあ。その日はちょうど一カ月ぶりに主人とエッチしたの。頭が真っ白になるようなセックスで、ああ、すごく気持ちよかったって、ハ～っと脱力してベッドに横になった。それが最後に私がイッた日。それ以降は、夫とセックスしてないの。今思い返しても、やっぱりあれが人生で一番良かったセックスだったなあ」

幸子さんは、そう言うとぼーっとどこか遠くを見つめた。幸子さんにとって、その時の夫とのセックスは今でも鮮明な記憶として脳裏に焼きついている。女風を通じて色んな経験をしたが、その順位が揺らぐことはなかった。幸子さんは、夫との最後のセックス以来、実はイッたことはないのだと明かす。

セラピストと快楽におぼれ、大声を上げたこともあった。しかしそれは刹那的で、長年築き上げてきた愛と安心感に溢れるセックスとは全く違う。恋人同士のような疑似恋愛には心が乱れたし、ビリビリするような快感も知った。だけどやっぱり一緒にいて本当に心と体が落ち着くのは夫だ。それに気づいた。

あるとき、高齢の夫婦が送迎バスを使ってラブホテルに行くという話を聞いた。夫ともいつか歩み寄って、そんな夫婦になれたらいいな、漠然とそう思っている。そんな日が来るかわからないけれど、今は自分の時間も大事にして、残りの人生を思いっきり堪能したい。

幸子さんは、自らの体に起きた性の冒険を嬉しそうに語る。そして、大好きな女友達との出会いも——。その姿は無邪気で、余裕が感じられ、とても生き生きとしているように思えた。

性欲から始まった女性用風俗は、幸子さんを思いもよらぬ人生の岐路へと誘った。幸子さんは自らの欲望と向き合い、性の冒険をとことんまでやりつくした。その先に待っていたのは、人と繋がるというかけがえのない喜びだった。とはいっても、その相手は「女性」だったのだけれど。幸子さんはこれからの人生の後半戦を共に生き、支え合える仲間をようやく見つけたのだった。

(2) すべてが自分の自由になる時間がほしい――鈴美さん(五十代)

都内のシティホテルの一室。夕刻。大きな窓から差し込む、ひりつくような西日が眩しい。その部屋の中央には、クイーンサイズのベッドが鎮座していた。ベッドは、染み一つない純白のシーツで覆われて、寸分の狂いもなく完璧なベッドメイキングが施されている。

これから数時間後、この部屋で、ある女性がセラピストと甘い時間を共にする。

整然と敷き詰められ糊のきいたシーツは、私が帰った後すべてが終わる頃には、大波が過ぎ去ったかのように激しく乱れきって、原形をとどめてはいないのだろう。

後ほどこの部屋に起きるであろうことへの妄想を勝手に巡らし、思わずドキドキしている私がいた。そんなめくるめくセラピストとの逢瀬の直前に、この部屋に招いてくれたのが里村鈴美さん(仮名・五十代)だ。

鈴美さんはそんな私の妄想などお構いなしといった様子で、慣れた手つきでキッチンにある小さなポットに水を注ぎ、お湯を沸かし始める。

鈴美さんは私にソファに座るように促し、「ねぇねぇ、なに飲みたい？　紅茶、コーヒー、それともお茶？　ここのホテルには色々あるんだ」と言って、優しくもてなしてくれた。

聞くと女風でいつもこのホテルを使用しているので、すっかり常連なのだという。鈴美さんは元気で面倒見のいいサバサバしたお姉さんといった雰囲気だ。そのため、私もすっかり寛いだ気分になってしまった。

巨大なベッドを目前にしながら語られたのは、一人の女性のジェットコースターのような生と性の歴史だった。

†夫の凄まじいDVの末に

会社同士の合コンで知り合った夫と結婚したのは、鈴美さんが二十代の時だ。幸せな家庭を築いて、平凡に生きたい。そんな当たり前の願いの先に待っていたのは、凄まじい夫のDVだった。鈴美さんが第一子を出産後、気に食わないことがあると、夫はしばしば手を上げてきた。結婚前の真面目で優しそうな夫が豹変したのだ。

「夫は私のことを完全に女中扱いしていたの。「メシ！」と言われたら、すぐさま温かなご飯を出して、おかずは毎食四品必ず作っておかなければならない。「風呂」と言われたら、アツアツのお風呂をすぐに準備しなきゃいけないの。少しでも時間に遅れたら、「てめぇ、誰が食わせてやってると思ってるんだ」って暴れる。その頃はDV防止法ができたばかりで、まだまだDVに対する認知が薄い時代だったの」

殴られて痣だらけになった。門限は五時と決められ、街を自由に出歩くことや働くことも許されなかった。日が落ちた頃に家に帰ると、朝干した洗濯物がすべてベランダに落とされていた。そして、「湿ってる！　さっさと洗い直せ」と怒鳴られた。第一子を産んでからセックスレスだったものの、突然寝込みを襲われ、二人目の子どもを身ごもった。ちょうど、離婚という二文字が頭をかすめている最中のことだった。

子どもが小さかった頃は、夫に歯向かうことは恐ろしかった。とにかく逆らわないでいたら、夫は大人しくなるかもしれない。そう思ってひたすら従順な妻を演じていた。経済的DVも酷く、独身時代の貯金を切り崩して生活費に充てていた。

しかし夫のDVは止むことを知らず、日に日にエスカレートするばかりだった。それでも子どものために別れるわけにはいかないと、離婚は躊躇していた。

転機になったのは、子どもの前で夫が鈴美さんを殴りつけたときだった。

「子どもは殴られた私をかばおうとして、夫に向かっていった。そしたら夫に突き飛ばされたの。そのあと子どもが「あんなパパいらない」って言ったんです。それで我に返って、夫から逃げなきゃと思った。翌日、意を決して子どもを連れてDVシェルターに命からがら逃げ込んだの」

夫の元を離れシングルマザーになった鈴美さんは、フルタイムで働き始めた。泥沼の離婚裁判も、数年かかったがなんとか決着した。ホッと安堵したのもつかの間、今度は母親の介護が始まることになる。子育てと仕事と介護に忙殺される日々が続いた。

六年間の介護の末、母が亡くなった。気がつくと、あっという間に四十代に到達しようとしている。これまで子どもと親のために人生を捧げてきた。しかし子どもも大きくなり、ようやく自由になれたと感じた。

「母が亡くなったときは、しばらくはもぬけの殻だったの。その後、私はやっと色々なことから解放されたんだなと思った。そして突然、あれ、私このままおばあちゃんになるまで、（男性と）なにもないの？　そんな人生なの？　と唖然としたんです。それで、あっそうか！　彼氏を作ればいいいんだ！　そう思い立ったの」

鈴美さんの人生の第二幕が始まった。幸いなことに男性との交際を決意した途端、不思議と男性からのアプローチに事欠かなかった。鈴美さんは、とにかく明るくて楽しい女性だ。DVという一見深刻になりがちな話も、あっけらかんと豪快に話してくれる。艶々しいロングの巻き髪がゴージャスでセクシーだ。ファッションも、フェミニンでかわいらしい。鈴美さんは、常に女性らしさを磨いているように見える。だから、言い寄る男性が沢山いるのも頷けた。

†自分本位のセックスしかしない彼氏たち

そうして、鈴美さんには念願の彼氏ができた、それも何人もだ。思えば男性とお付き合いするのは、二十代の頃以来だ。男性という存在そのものが人生で遠のいていたため、それは新鮮な体験だった。しかしそうして手に入れた自由の先には、落とし穴があった。鈴美さんを待っていたのは、あまりに自分勝手なセックスをしようとする同年代の男たちの性の実態だった。

「付き合った男の人が、みんな自分本位のセックスしかしなかったんです。自分はフェラをやってほしいけど、こっちには前戯を全然しようとしない。それなのに自分が精液を出したいタイミングで突然入れてくるから、とにかく痛いんですよ」

ある男性は、さっさとフェラしろよと言って、いきなり口に性器を含ませてくる。別のある男性は鈴美さんに必死に潮吹きさせようと、激しく指を入れてきた。きっとAVで見たんだろう。その後、三日間膣がヒリヒリと痛み、体が悲鳴を上げた。

その時付き合っていた彼氏に前戯なしに入れられそうになったとき、あまりの痛さに耐えきれず、思わず「痛い！」と叫んだ。するとその彼は「なんで？ 今までの女はフェラしたら濡れたよ」といぶかしげな顔をした。そして鈴美さんに大人のおもちゃを手渡すと、「これで自分でやって。いいタイミングになったら呼んで。俺シャワー浴びてくるから」と言ってシャワー室に消えた。

「あれはヒドイと思いましたね。私、大人のおもちゃは痛くて入らないんですよ。たとえゼリーをつけてもこっちは興奮してないから痛いんですよ。あそこが濡れてないときって、指ですらも入れると痛いんです。そんなの当たり前じゃないですか。でもいくらセックスが下手だったり痛かったりしても、あなた下手くそですよとは言えないんですよね。せいぜい、そこは痛いから別の場所にしてくらいしか言えないんです。そうやって男の人に不満を言えずに我慢してる女の人って結構多いと思う。男の人って、かなりの確率で女の体をわかってない。AVでできることが、現実の女性でできると思ってる。実際の女の人の体は、そんなことないのに」

　そう言って鈴美さんは嘆く。

　鈴美さんの赤裸々な性の本音は、悲しいかな多くの女性たちの声を代弁していると言える。

　私の周りの女子トークでは、鈴美さんと同じようなぶっちゃけ話は日常的に交わされている。前戯なしに挿入しようとする、フェラを強要される。そして女性の快楽にはまるで無関心だったりする。そんな男たちのなんと多いことか。

　正面切ってパートナーに言えばいいじゃないかと思うかもしれない。しかし多くの女性たちは、相手にこうしてほしいとか、そこは違うとは言い出しづらく、また雰囲気を壊したくないなどの気遣いから口を閉ざす。自分さえ我慢すればいいと、その時間を耐えてやり過ごす。そして静かに男に見切りをつけるものだ。

　鈴美さんは確かに男性には当時、不自由しなかった。しかしたとえ新たな彼氏ができても、程度の差はあれ男たちが自分勝手なセックスをすることに変わりはなかった。いつしか鈴美さんは男に心底絶望し、うんざりしていた。

――はぁ、なんでこんな苦痛なセックスをわざわざしないといけないんだろう。

そうこうしているうちに、四十代も半ばの誕生日も近づいてきた。やばい、私、五十路になっちゃう。それでも、なんとか女性としてもう一度花を咲かせたい。でも、苦痛なセックスをするような彼氏はもう嫌だ。

八方塞がりになった鈴美さんは、以前、美容院で読んだ女性誌の記事をふと思い出した。それはイケメンが揉みほぐしをしてくれるサービスの紹介だった。これなら、ただの揉みほぐしと違って女性ホルモンも出ていいかも。そう思い立ち、「マッサージ」「エロい」という単語をスマホに打ち込んだ。その検索に引っ掛かったのが女性用風俗だった。

女風のお店のサイトには、様々な男たちが掲載されている。そこには芸能人顔負けのイケメンたちがズラリと並んでいた。それを見ただけで、わくわくした。

鈴美さんは誕生日の数日前に、女風を予約することにした。鈴美さんが避けたのは、若い男と筋肉質な男だった。

「若すぎるのは、自分の息子を連想させるから抵抗があるの。そして、元夫が体を鍛えてたから筋肉質なのは嫌なの。ほら、背が低いのを長年コンプレックスに思って、ムキムキに鍛えている男性って世の中にはよくいるじゃない。旦那は典型的なあのタイプだった。

私にとって筋肉＝DVだから、未だに男の筋肉を見ると吐き気がするんだ」

鈴美さんは、女風の情報サイトを吟味した結果、ランキング上位のキラキラしたジャニーズ系セラピストを予約した。

†女性の快楽に沿ったサービス

初めてセラピストに会ったのは、新宿のシティホテルだった。ホテルのロビーに現れたのは、周囲を圧倒するような「超イケメン！」だった。

「セラピストがロビーに現れたとき、キラキラのイケメンぶりに驚いて、心がズキュンでしたね。でも顔だけじゃなくて、性感でもこれまでの彼氏と全然違うって思った。普通の男の人だったら、前戯が全然なくていきなり入れてくる。だけど、セラピストさんはまずオイルで揉みほぐしをしてくれるので、そこでリラックスする。

あと、前戯がすごく長いなと思った。彼氏とのセックスと真逆なんです。女風は逆に前戯だけあって、挿入がないの。私をイカせるまでたっぷり前戯をしてくれる。それがありがたかった。私にはピッタリだったの。揉みほぐしからエロにいくので、自然な流れなんですよね。ああ、こんな世界があるんだ！　と驚いたの」

鈴美さんの性感帯はクリトリスだ。だからいきなり指を入れられるのは痛いし、性器への挿入も濡れていなければ、苦痛でしかない。しかし歴代の男たちは濡れていないのに、無理やり入れてこようとした。彼らは自らの欲望を完遂することだけに必死だった。

しかし女風は、女性の快楽に沿ったサービスが展開される。そもそも本番行為がNGだから挿入されることはない。カウンセリングでNG項目を事前に伝えられるので、いやなことを無理強いされることはない。鈴美さんはこれまでの苦痛でしかないセックスから解放されて、大好きなイケメンと思う存分楽しんで、初めてイクという自らの快楽に没頭することができたのだ。

女風における性的快楽は、これまでにない素晴らしく感動的な体験だった。しかし女風を利用するうちに、鈴美さんはどちらかというと、それはおまけの要素でいいと感じるようになったという。それよりも男性と普通の恋人同士のように街を歩いたり、イチャイチャしたり、話したりして癒されたい。その延長線上に少しだけエッチな行為があればいい。そう思うようになったのだ。

疑似彼氏との甘い時間――それが鈴美さんが女風のセラピストに求めるものだった。

†セラピストとの疑似恋人時間

「彼氏」だからこそ、時間に追われないで長時間一緒にいたい。そのためには、なるべく長時間セラピストを貸し切れるプランのほうがいい。そう思い立った鈴美さんは、家計をやりくりして、月に一回四〜五時間程度を女性用風俗に充てている。

女風のセラピストは、性感だけでなく女性との恋人感覚を作り出す能力に長けている。そんな女性に理解あるセラピストと過ごす時間は、仕事と家事を頑張った自分へのとっておきのご褒美だった。

「この時間は私にとって、「彼氏もどき」と過ごす癒しの時間なの。彼氏と一緒にスーパーに行って、恋人みたいに「夕ご飯、何にする?」みたいな感じで食材を買って帰って、一緒に料理を作ったりもする。そして、しゃべったり飲んだり、ご飯食べたり映画見たりして、最後にちょっとだけエロがある感じ。ほら、実際の彼氏だったら、えー、それ嫌いとか食べたくないとか文句言われるじゃない? だけど、セラピさんだったら私が作ったものを美味しいって言って食べてくれる」

そんな「彼氏もどき」と一晩を過ごすための料金は、決して安くはない。鈴美さんが利用しているお店は、一時間一万円前後。数万円という金額は、シングルマザーで子どもを抱える鈴美さんにとっては、かなりの大金だ。

鈴美さんの普段の生活は、質素そのものだ。自分の昼食代は三〇〇円以内で済ませ、高いランチを食べることはない。業務スーパーで格安の食材を買って、家族のために毎日料理を作る。これまでの人生で、どんなに忙しくても一度も冷凍食品を使ったことがない。

そんなシングルマザーで慌ただしいフルタイムワーカーの鈴美さんにとって、この一晩の費用は、家計をやり繰りした血と汗の結晶でもある。

そうして捻出したお金で、鈴美さんは今日この後どんな時間を過ごすのだろう。

「今日はこのソファで二人でご飯を食べて、ゆっくり映画を見るの。Amazon プライムビデオで、スカッとするマーベルの映画を見ようと思ってる。そうして二人でお風呂に入る。前はセラピさんと韓国ドラマを見たこともあったよ。だってリアルの男の人って、韓国ドラマはつまんないって言って一緒に見てくれないじゃない。だからここで見る作品は、男には選ばせない。この時間だけは、いつも私が見たい作品を選ぶことにしてる。

向こうも仕事だからね。相手はこういう仕事をしている人だから、別に本気で私のこと好きでもなんでもないって、ちゃんとわかってるの。だから、特にのめり込むことはないよね」

確かに現実社会の男たちは一緒にロマンチックな恋愛ドラマを見てくれないし、料理を作っても文句ばかり言う。セックスでは前戯もおざなりで、いきなり挿入するから苦痛だ。それが、多くの女性の本音ではないだろうか。

しかし、この空間だけはお金を媒介することで、見たいドラマはもちろんすべての主導権を女性が握ることができる。重要なのは、鈴美さんがその手綱を男に渡さないようにしているということにある。

見たい映画を一緒に楽しんでくれて、料理を褒め、痛いセックスなんて絶対にせず（というか、できない）、とことんまで女性の性的快楽に耳を澄ませて寄り添ってくれる。おまけにイケメンときている。それは、現実社会でいくら追い求めても手に入れられない理想の彼氏像だ。

†理想の男はお金でしか手に入らない

鈴美さんが過ごす時間は、まるで、そんな女性たちの秘めたる思いを具現化したかのようだ。それは、私を含む多くの女性たちが渇望し、夢にみる桃源郷だろう。

ジェンダー平等が叫ばれる世の中になったが、女はまだまだ男社会の中で、荒野を生きている。他人の眼の及ばない密室のベッドの中では、男女のパワーバランスが露骨に現れる。実社会では男と同じように働くことを要求される一方、パートナーとのセックスで不満を抱いても、それを口にすることはためらわれる。そんな価値観のねじれの中に、女性たちは身を置いている。

だから私は、「理想の恋人をお金で買う」鈴美さんの気持ちが痛いほどによくわかる。せめて一カ月に一度、たった数時間ぐらいは理想の恋人と一緒に甘い時を過ごしたい。身も心も満たされたい。もちろんそれが架空のものだとしても——。

鈴美さんはそんなことなど百も承知の上で、自分の理想の男とこれから「恋人ごっこ」を愉しみ、このベッドで過ごす。それはファンタジーでも、女性が実社会でサバイバルしていくために、切実に必要な時間なのだ。

女たちが少しずつ経済力を手に入れつつある今、皮肉なことにリアルな男たちへの絶望こそが反転してビジネスとなり、「女性用風俗」が活況を呈する原動力ともなっている。

女が求める理想の男性は、現代では残念ながらお金でしか手に入れることはできない——。それが五〇年以上を生きてきた一人の女性の出した答えだとしたら、女の男に対する絶望がとてつもなく深いことを現している。この女たちの絶望は、日本社会の転落をも意味しているのではないだろうか。

私がそんなことをぼんやり考えているうちに、鈴美さんは手持ちのバッグから、小さなタッパーを取り出しはじめた。ホテルに付属の申し訳程度の小さな冷蔵庫の中に次々に詰めていく。鈴美さんはタッパーの蓋を開けて、その中身を見せてくれた。そこにはプロ顔負けの色彩豊かな料理が並んでいた。

料理が大好きな鈴美さんはこうしてお手製の料理を数日前から仕込み、セラピストと共に味わうのが何よりも楽しみなのだ。ローストチキンに、スペアリブに、ポテトサラダ。これらの料理は、鈴美さんが精魂込めて腕を振るったものだ。

「この料理は、セラピさんのため?」

そう尋ねる私に、鈴美さんはすぐに横に首を振る。

「ううん。違うよ。これはただの自己満足」

鈴美さんは、そう即答するとにっこり笑い返してくれた。この時間はどこまでも男のためではなく、自分のためのものなのー。鈴美さんの迷いのない眼差しは、暗に私にそう伝えているように思えた。私は、女性たちが自分の欲望を俯瞰で見ているようなどこか冷めた視線が好きだ。

時計を見ると、セラピストと鈴美さんがこの部屋で共にする時間が刻一刻と近づいている。「さて、そろそろ帰りますね」。私はお礼を言って、分厚いホテルのドアを開け廊下へと出た。鈴美さんがドア越しに、「またね」と手を振って笑って見送ってくれた。外に出ると、ホテルの窓から覗いていた西日はすっかり消え、真っ暗な夕闇があたりを包んでいた。

(3) レンタル彼氏から「女風」へ――涼子さん(五十代)

†「普通のオバサン」の性の冒険物語

コロナ禍の夜は早い。近所の居酒屋の灯りも一九時には消え、どんちゃん騒ぎもできないサラリーマンは足早に帰路につくようになった。私もそんな世間のペースに乗せられて、すっかり朝型人間となっている。

二〇二一年六月、緊急事態宣言真っ只中の二一時過ぎ、やや眠気に襲われそうになりながら、私は青白いモニター画面に向き合っていた。手元には、眠気覚ましのためにいれた紅茶のマグカップが湯気を立てている。相手はシングルマザーの女性で、家の仕事を片付け、子どもが寝静まったこの時間が、唯一自由になれる時間なのだという。

Zoom の待機画面が切り替わり、満面の笑みを浮かべた女性が現れる。ウェーブがかった茶髪、眼鏡をかけた女性。年齢は五十代前半ぐらいだろうか。スーパーで見かけそうな元気な主婦という印象。女性は、「こんばんはぁー！　久美子さん、はじめましてぇ！」と声高で、明るく元気に手を振っている。

彼女の名前は、真野涼子さん（仮名）という。彼女は愛知県在住で、上京時に取材の約束をしていた。しかし、コロナ禍の緊急事態宣言の延長で上京が困難となり、Zoom取材となったのだ。コロナ禍は私たちの生活を一変させた。取材方法はすっかりZoomが浸透、でもそのおかげで地方在住の人とも、ぐんと繋がりやすくなっている。

「私、本当に話好きな普通のおばさんなんですよ！　話し出したら止まらなくなっちゃうかも、うふふ、どうしよう！」

画面の向こうの涼子さんは、そう笑うと嬉しそうに怒濤の勢いでまくしたて始めた。辺りはシーンと静まり返っている。コロナ禍では、皆夜遊びを諦めて早々と布団にくるまっているのかもしれない。そんな緊急事態宣言の夜の静寂の中、涼子さんのめくるめく体験のドラマが幕を開けた。

それは「普通のオバサン」である一人の女性が、ふとしたきっかけで出会った、愉快で底抜けに明るい「性」のワンダーランドだった。

事の発端は、二〇一六年のある日の昼下がり、せんべいを齧りながらテレビのワイドショーを見ていたことから始まる。そこで放送されていたのは「レンタル彼氏」のドキュメンタリーだった。どうやら東京では最近、「レンタル彼氏」なるものがブームらしい。番組では、五十代の女性がイケメンの二十代男性と一緒にカフェでお茶したり、遊園地でデートしたりする様子を紹介していた。

「こんなサービスがあるんだ！　東京はすごいなぁ」

思わず身を乗り出した。涼子さんは、夫の浮気が原因で三十代の時に離婚した。その後、地元で自営業を営みながら、女手一つで息子を育てている。小さいと思っていた一人息子も、いつしか大きくなり地元を離れ東京の学校に進学した。涼子さんはそんな息子の様子を見に、月一回の割合で上京するようになった。

せっかく上京するんだから、テレビで見たあんな店やこんな場所に行ってみたい。しかし、息子は学校生活で何かと多忙なため、付き合ってくれるにも限度がある。最初は一人で観光地を訪れていたが、それも毎月となるとマンネリ化して飽きてくる。ディズニーランドや水族館などに一緒に行ってくれる相手がほしい――。

そう思っていた矢先、少し前にテレビで見たレンタル彼氏の存在を思い出した。

†「レンタル彼氏」を指名してみる

「お上りさんの私としては、別に相手は男でも女でもよかったの。上京したときに一緒に遊んでくれる人がほしかった。テレビで見た観光地に行きたいと思っても、地方在住の私からすると東京ってすぐ道に迷っちゃう。一人では入りづらいお店もあるじゃない。誰か案内してくれる人がいればいいと前から思っていたの。

だからレンタル彼氏は、ありがたいシステムだった。私は一人でも道に迷うぐらいの方向音痴だから、右も左もわからない東京のお店を探すのは大変。でも若い子なら、ちゃちゃっと調べてくれる。とりあえず待ち合わせの駅に行けば、あとは連れて行ってくれるから楽なんだよね」

涼子さんは、昔からジャニーズのファンで、いわゆるジャニオタだった。子育て中はテレビを見たりCDを買ったりするだけに留まっていたが、かつてはコンサートを見るために遠征したこともある。古くはシブがき隊から始まり、光GENJI、NEWS、嵐と次々にハマってグッズやCDを買い漁っていた。いわゆる課金文化には抵抗がなかったことも、利用動機としては大きかった。

レンタル彼氏という存在を知った涼子さんは、二六歳のイケメンを指名することにした。

「どうせなら思いっきり若い子にしちゃおうと思って、二六歳の若い子を指名することにしたの。下手に年が近いよりも周りから見て親子か親戚くらいの関係に見られた方が、楽だなと思ったんだよね。あははは」

涼子さんはそう言って豪快に笑う。待ち合わせ場所の東京駅に現れた「レンタル彼氏」は、ネットのパネルと変わらない爽やかなイケメンだった。

「はじめまして！　親戚のおばさんとご飯食べるくらいの気持ちでいいからね！　手とか繋がなくていいからね！」

初めてレンタル彼氏の男性に会った時、涼子さんは焦りと恥ずかしさのあまり、そうまくし立てた。そもそも息子ほど年が離れている相手と自分がデートなんて、よく考えたら荒唐無稽に思える。しかし男性は周囲の視線を気にする様子もなく、「いえいえ、手を繋ぎましょう」と言って自然に手を繋いできた。

温かい手のぬくもりが伝わってきた。それは、学生時代に帰ったかのような甘酸っぱい感触だった。思えば中高は女子校だったため、彼氏はできなかった。夫とは手を繋いだことはなかったし、よく考えたら息子の小さい頃も手を繋ぐ習慣はなかった。中高生のデートってこんな感じなのかなと思うと、少しだけドキドキした。

その日は雨がちらつく曇天だった。レンタル彼氏は「今日は雨が降ると思って大きな傘を持ってきたんですよ」と言って傘を広げた。二人で手を繋いで、相合傘を差す——。涼子さんは、そんなドラマのようなシチュエーションに少しだけ感動した。

「ほら、地方って車社会だから全部車で移動するじゃない。相合傘も手を繋ぐというデートもしたことがないの。だから手を繋いで相合傘をした時は思わずキュンキュンしたよね。でもそんなにときめいてばかりでもないのよ。この歳だからね。いつも、どこかで斜め上から見ている自分がいて我に返るんだよね。キュンキュンしている自分をもう一人の自分が茶化すの。「いい大人がなに乙女になってんだか」ってね。あはは」

そういって、涼子さんは自嘲気味に微笑んだ。内心ドキドキしつつも自分はそれなりに年齢を重ねた大人だ。そのため常に冷めた眼差しを送る自分が消えない。もう一人の自分は、「オイオイ、こんなオバサンが若い子相手にバカやってるよ！」と頭の中で突っ込みを入れてくる。ボケとツッコミが脳内で繰り返され、そんなちぐはぐな状況そのものがおかしかった。

それでも上京したときに話し相手ができたのは純粋に楽しくて、また利用したいと感じた。

†「完璧な彼氏」との別れ

その後、涼子さんは上京するたびに最初に会ったレンタル彼氏を指名して、念願のディズニーランドや水族館、東京スカイツリーなどでデートした。舌を巻いたのは、レンタル彼氏が完璧に彼氏を演じていたことだ。

飲食店に入ると行く先々で、「素敵な彼氏さんですね」と店員に褒められる。どうやら周囲からは親子ではなく、本当に年の差カップルに見えているらしい。何よりも彼氏になりきっている相手の演技力に驚いた。

「「すごい！　私たち世間を騙せてる！」って思って、いつもすごくびっくりしていたの。そのレンタル彼氏は、完璧なまでに自然に彼氏として振る舞ってくれていた。それがすごいと思ったの。明らかに年の差があるのに、それを周囲に感じさせないのはプロ意識があるんだなって。思わず、その世界観にハマり込んじゃうよね」

レンタル彼氏のエスコート力は、言わずもがな素晴らしかった。例えば、女性を絶対に車道の側に歩かせることをしないし、別れ際も姿が見えなくなるまで手を振ってくれる。上京が一気に楽しくなった。

しかし、そんな日は長くは続かなかった。

涼子さんがレンタル彼氏と逢瀬を重ねて一年が経つ頃、その男性はお店を辞めてしまった。傷心の涼子さんは、そのタイミングでレンタル彼氏を卒業することにした。

この子以上にいい子はきっといない――そう感じていたからだ。

それから一年以上経ったある日のこと。涼子さんの周囲で衝撃的なことが起こる。涼子さんと同時期にたまたま離婚した友人が再婚するというのだ。それはまさに電撃婚だった。

「まさか彼女がアラフォー過ぎて再婚するとは思わなくて、ショックを受けている自分がいたんですよ。彼女に聞いたら今まで明かしてなかったけど、セフレもいたし、彼氏もいたっていうんです。そんなこと知らなかったからびっくりしたんだよね。そんな彼女に比べて、私はこのまま誰とも付き合うこともなく、誰にも触れられることもないまま、生理が上がって女としての人生が閉じるのかぁって思うと、色々考えちゃったの」

気がつけば、四七歳。これまでシングルマザーとして子育てに追われる日々で、清く正しく生きてきた。夫と離婚してからは、浮気も不倫も夜遊びですらもしたことがなかった。

再婚した友人が少し妬ましく、羨ましくもあった。だからといって、今さら再婚相手を探すというのも気が引ける。

†「女風」との偶然の出会い

そんな悶々とした思いを抱えていたある日、エッチな漫画のサイトの片隅にあった広告を間違ってクリックしてしまった。「あちゃ！　変なリンクに飛んじゃった」と思って慌ててスマホをみると、飛んだ先は大手女性用風俗店のサイトだった。一〇〇人ほどのジャニーズ顔負けのイケメンがズラリと並んでいる。

それが、涼子さんの女性用風俗との出会いだった。

「なんだ！　この世界は！」と驚愕した。

これまで涼子さんが利用していたレンタル彼氏は、女性用風俗と違って基本的にあくまで健全（！）なエスコート・サービスである。会うのは公衆の場に留まるし、カラオケボックスはもちろん、ホテルなどで会うこともNGだった。キスもないし、せいぜい手を繋ぐのが関の山である。

しかし、そもそも観光目的で利用していた涼子さんは、そんな関係を超えて性的なことをしたいと思ったことは一度もなかった。しかしどうやらこの世界は違って、「その先」があるらしい。

思えばレンタル彼氏を利用し始めた一年ほどの間に、レンタル彼氏のお店はどんどん数を減らしていった。代わりにそれらが引き受けていた需要が、女性用風俗に流れていっていたのだ。そう考えると合点がいった。

「女性用風俗を知れば知るほど、これはとんでもない世界だと思ったの。男の人の風俗は昔からあるけれど、女の人もお金で性的なことをなんとかできる時代がきたんだと、とにかく衝撃だったんだけど、タイミング的にこれから私は女として終わってしまうのかと悩んでいた時期だったから、思い切って利用することにしたの」

レンタル彼氏とセラピストとは、初対面の時からまるで対応が違っていた。レンタル彼氏は会った瞬間から恋人気分を演出することに長けていて、自然に手を繋いでくれた。しかし待ち合わせ場所に現れたセラピストは涼子さんを認識しても、一向に手を繋ぐそぶりはみせず、そそくさとホテルに向かった。

――あっ、手を繋いでくれないんだ。そうか、これは風俗だものね。

何とも言えない寂しさを感じた。

「その時私は、エッチなことじゃなくて手を繋ぎたかったんだって思ったんだよね。これは、失敗したかもしれないという思いが頭をよぎったの」

ホテルに入るとセラピストに促されるままにシャワーを浴び、揉みほぐしが始まった。

「私、なんてことしてるんだ」と我に返り、こんなオバサンなのにごめんねと、セラピストに申し訳ない気持ちになった。それでもセラピストの顔が股間に近づいたとき、さすがに覚悟を決めることにした。

†自分には性欲がなかったことに気づく

「いつもだったら、斜め上から見る自分がいるじゃない。だけどここまで来たら、その自分はオフにしようと思ったの。その瞬間だけはちょっと意識を飛ばさないとダメだよね。ここまで来たらじたばたするなって頭の中で言い聞かせたの。あはは」

性器を舐められた瞬間、何も考えられなくなり、我を忘れるほどの電撃が体中に走った。斜め上の自分もこの時ばかりは消し去った。

「約二〇年ぶりの性体験だったけど、初回でイクことができた。相手は二十代なのにすごいなと思った。これが女風か！　と思ったの。だって舐められた途端、もうやめて無理、こわいこわいとなるんだもん。あと彼のあそこが勃っていたから、こんなおばさんにありがとうという感謝もあった。

でもね、それだけだったの。確かに性感は気持ちよかったけど、それ以上の感動は特になかった。色々やってもらった後に、私はそんなに性欲はなかったんだなとはたと気づいたの」

確かに、セラピストの性感テクニックはすごかった。しかしいざ経験してみると、かつての「レンタル彼氏」のようなエスコート力のある男性と一緒に手を繋いだり、会話をしたりするほうがワクワクして楽しいということが改めてわかった。

だから今は、あえて特定の誰かに限定せず、デートコースで新人のセラピストたちを指名し続ける「回遊」をしている。性感を求めない涼子さんが、それでも女風を利用し続けるのには理由《わけ》がある。

涼子さんが住んでいる地方は、過疎化と高齢化が進んでいる。夜は文字通り真っ暗闇になり、聞こえるのはカエルの声だけ。都会と違って、代わり映えのしない日常の繰り返しだ。周囲を見渡すと、朝からスーパーやドラッグストアで馬車馬のように働き、その上子育てまでして疲れ切り、外食する余裕などもちろんない貧困に喘ぐ女性がたくさんいる。

夫に奴隷のように扱われて、まともに美容院にも行けないまま人生を終える女性たちも沢山見てきた。

「そんな地元の女性たちを見ているとね、私は果たして一〇年二〇年後、あんな大人になるのかなと思うことがあったの。ああやって女性が年を取って老いていくのは嫌だって思うのね。地方でも女子会とか、お祭りとか、それなりにイベントはあるけど、どうしても限界がある。子どもも大きくなれば話題も病気とか夫の愚痴とか介護の話ばかりで、そもそも楽しい会話がないんだよね。

私は嘘でもいいから人と楽しい会話をしたり、いつまでも笑いあってキャッキャッしたりしたい。若い男の子たちとの会話は、それだけでワクワクするじゃない。エッチなことはもちろんだけど、若い人たちとの会話って刺激的だし、発見があって楽しい。かっこいい子と話をするだけで女性ホルモンも出ているると感じるの。私の周りには更年期になって、ホルモンバランスが崩れてがんになって亡くなった友達もいるんだ」

そう言うと涼子さんは、ごめんね、私ったらすごく涙もろいの、と目に溢れた大粒の涙をぬぐった。人生には潤いが必要なのに、そんなわずかな楽しみの機会すら持てない環境に身を置いている女性たちがいかに多いことか――。都心に比べて地方ではまだまだ男尊女卑が根強く、女性の地位が低い地域もあり、その中で苦しんでいる女性たちもいる。涼子さんはとても心が優しい女性だ。だから、そんな周囲の女性たちの苦境を思うと切なくて泣けてしまうのだ。

†セラピストを応援したい

女風に触れるようになって、自らの立ち位置も変わってきた。当初レンタル彼氏に感じていた乙女心のドキドキが消え、次第にセラピストを見守る親心のようなものに変化したのだ。そして、彼らが業界で成功することを願うようになっていった。これまでに出会ったセラピストの中には、「これだけ性的に満たされない女性たちが多い現実をどうにかしたい」とアツく語ってくれた男性もいた。涼子さんは、そんなセラピストたちと接しているうちに、女性を癒すことを生業にしている彼らを心の底から応援したいと感じるようになっていったのだという。

それは、ジャニーズファン時代の心境に近い。いわばアイドルである「推し」の成功を祈るファンのようなスタンスだ。セラピストは会えるアイドルのような存在で、業界で長く活躍してもらうためには、多くの女性ファンを獲得しなければならない。

そのため、新人のセラピストがどうやったら売れるか、女性目線でのアドバイスをするという別の楽しみも生まれた。

「新人のセラピストさんたちには、売れてほしいなと思ってるから、「今のあなたも素敵だけど、女の人は実はこういうところを見ているから、こうしたほうがいいよ」っていう話をしたりもする。男の子たちのプライベートなことを聞いたときは、つい親心から母親目線で話すこともあるんだ。だから私の女風の利用方法はかなり変わっていると思う。自分でも何やってるんだろうと思うこともあるよ。お金を払って男の子の話を聞いて、アドバイスしてエッチなこともしないで終わるなんてね。あはは」

涼子さんは、笑いながら自らをただのおせっかいおばさんだと自称する。確かに情に厚く、底抜けに明るいキャラなので、肝っ玉母さんのようでもある。いつも冷静な突っ込みを入れる斜め上の自分は今も健在で、だからこそ、俯瞰でこの世界を見つめて楽しんでいる。

たとえ性感を利用しなくても、女風によって与えられる恩恵は大きいと涼子さんは語る。若い子たちと会った翌日は肌艶も良くなって若く生き生きしている。また女風を通して様々な世界を知ることで、田舎だけで閉じていた世界がぐんと広がった。

息子が地元に就職してから、上京する理由はなくなった。しかし、涼子さんは「自分のために」定期的に上京するように心がけている。

セラピストとデートすることもあるが、今ではそれはおまけに過ぎない。それよりもツイッターで知り合った東京在住の女風のユーザー仲間や経営者と会い、積極的に交流を図るのが楽しいのだという。ご飯を食べながら「性」に関する赤裸々な話に耳を傾けたり喋ったりするのが、人生の生きがいとなっている。

「レンタル彼氏」から始まった涼子さんの冒険は、当初予想もしていなかったところに終着した。女風は、涼子さんにかけがえのない人との繋がりと人生の豊かさをもたらした。それは女風を通じて開かれた新たな世界の入り口でもあった。

それにしても女風という世界を知れば知るほど、その使い道は決して一つではないことがまざまざとわかる。まるで漂泊者のように、女風の山々をさまよい歩き、思いもしなかった場所にたどり着くのだ。涼子さんの性にまつわる冒険に思わずうならされる自分がいた。

取材も終盤に差し掛かり、深夜の一二時になろうとしていた。耳を澄ますとコロナ禍の住宅街は、いつにも増して静寂が支配している。マグカップの中の紅茶もすっかり飲み干して、のどがカラカラになっている。

「じゃあ久美子さん、おやすみなさい！」。画面の中の涼子さんが、私に向かって笑顔で手を振った。取材というよりは、友達同士の雑談のような時間が過ぎていた。

「今日は遅くまでありがとうございました！　涼子さんも、おやすみなさい！」

私たちはまるで気心の知れた長年の親友のようだった。甘酸っぱい冒険の余韻を残して、コロナ禍の夜は更けていった。

（4）カンフル剤としての女風――明日香さん（五三歳）

†孤独で辛かった結婚生活

令和という時代は、生きづらさを抱える人たちがとてつもなく多いと感じる。書店には「生きづらさ」をテーマにした本が並び、ネット記事には様々な「生きづらさ」と向き合う人々の体験談が溢れている。そんな時代の女性たちにとって、女風が一種の人生のカンフル剤として機能することがある。苦しくてどうしようもないとき、刹那的な快楽こそが、その苦痛から逃れるための手段になることがあるからだ。

「結婚しているときはとにかく孤独だった。結婚生活の孤独を忘れたくて、セラピストとの性的快楽に溺れていったんだと思う。ほら、女性は日常生活が満たされていると、男性よりあんまり外に目が向かないじゃないですか。それでも向くときってね、よっぽど孤独なんだと思うの」

三浦明日香さん（仮名・五三歳）は、女風を利用した動機についてそう語る。

明日香さんは、四五歳の時に夫と離婚、今は都内で看護師として勤めながら一人暮らしをしている。明日香さんが女風を頻繁に利用していたのは、夫との結婚生活の真っただ中だったという。結婚生活はとにかく辛かった。

居酒屋で知り合った夫の熱烈なアプローチを受け、結婚したのは二三歳のときだ。明日香さんは当時看護師として病院に勤めていたが、結婚後は専業主婦となった。すぐに子どももできた。二三歳といえばまだまだ遊びたい時期だ。若くして慣れない子育てに追われる日々が始まった。しかし、夫婦の結婚生活はすぐに破綻の兆しを見せ始める。

夫のモラハラが始まったのだ。亭主関白な夫は、結婚当初から明日香さんに横暴な態度を取っていた。夫婦の会話はほとんどなくなり、夫は気に食わないことがあると明日香さんを怒鳴り散らした。

「でもね、結婚生活で一番辛かったのは、モラハラじゃないの。一番は夫が女遊びをするようになったこと。子どもが産まれたときから、どんどん夫の帰りが遅くなっていった。そしてスーツのポケットからホテルの領収書が頻繁に見つかるようになったの。それが一番応えたよね」

そのことを夫にいくら問いただしても、しらを切る一方だった。それどころか、開き直って堂々と浮気するようになった。それでも明日香さんは、離婚だけは避けたいと思っていた。離婚が自分の人生の汚点になると思うと、怖くてたまらなかったのだ。

頻繁に女遊びしているにもかかわらず、夫は時たま明日香さんの体を求めてきた。入れて出して終わりという、一方的で冷ややかなセックス。快感なんて一度も味わったことはない。それでも、明日香さんは夫のセックスを拒否することはなかった。

私が我慢することで、夫の女遊びに少しでも歯止めが掛かればいい——。そう思って、意識をどこかへ追いやり、ただひたすら耐えていた。

「夫とそんなひどいセックスばかりしてるとね、どんどん心が死んでいくのがわかるの。それでも、当時の私は夫とは絶対に別れないと思ってた。離婚なんてありえないという固定観念に完全に縛られていたの。我慢が美徳だと思っていた。本当は仮面夫婦なのに、幸せな家庭像を壊したくないってずっと意固地になっていた。でも本当はすごく孤独で、全然幸せなんかじゃないのにね」

明日香さんは、そう言って物憂げな表情で視線を落とす。気がつくと、お腹には第二子が宿っていた。

私には子どもがいるし、自分の人生に離婚のレッテルだけは貼られたくない、耐え抜いてみせると決意を新たにした。それでも心と体は正直だ。結婚生活のストレスで、若い頃に患っていた摂食障害がぶり返した。食べては吐くという生活が続き、明日香さんの体はガリガリになった。明日香さんはただひたすら、がむしゃらに食べ、トイレで吐き、自分の体を痛めつけた。監獄のような日々で、逃げ場はどこにもなかった。

ある日、ひょんなことから夜の世界で遊び慣れている知人に女性用風俗のセラピストを紹介された。その知人によると、とにかく技がすごいので一度体験してみたら？　と言う。

明日香さんは、かねてからイケないことをコンプレックスに思っていた。夫とのセックスはもちろんのこと、これまで付き合った人ともイクという経験をしたことがない。

それは長年劣等感として、明日香さんが抱いてきたものだった。夫は毎日のように女遊びをして、泥酔して帰宅している。私だって自分の本当の快楽を知りたいし、あれだけ遊び狂ってる夫に復讐したいという気持ちも、ムクムクともたげてきた。

†セラピストが教えてくれた未知の快楽

セラピストはそんな明日香さんの期待通り、未知の快楽を与えてくれた。彼は明日香さんをベッドに寝かせると、乳首やクリトリスを手で刺激していった。体の力が抜けて、リラックスして快感のスイッチが入るのがわかる。そのときの感動を、明日香さんは興奮気味にこう話す。

「その時初めてイクという感覚を知ったの。これまでイケないのは私の体に欠陥があるからだと思い込んでいた。でも、そうじゃなかったんだと思いました。ようやく目覚めた感じですよね。女風で知ったのは、気持ちよくなると、太ももを無理にグイって開かなくても、自然に開くんだってことなの。それはびっくりしたね。

世の中にはこんなに女性の体に詳しい人がいるんだってことに、まず驚いたの。めちゃくちゃうまいと思った。それと同時に、なんで私は旦那さんからその快楽をもらえないんだろうって、虚しさが襲ってきた。それを思ったら、すごく悲しくなった」

これまでに味わったことのない圧倒的快楽の世界。まるで体中に稲妻が走るかのような、イクという感覚。自分の体に起こっていることが、にわかには信じられなかった。明日香さんは、その日何度も何度も絶頂に達した。この快楽を夫に与えてもらったらどんなにいいだろう。そう頭の片隅で思いながら——。

一度スイッチが押されて目覚めた体は、止まることを知らなかった。

夫との空虚で冷え切った関係を埋め合わせるかのように、明日香さんはその後こっそりと女風に通い続けた。セラピストとの色恋に特にのめり込むというわけでもない。ただ、我をも忘れるような性的快感がほしかった。その快感を味わっているときだけは、すべてのことから解放された。そしてセラピストはお金さえ払えば、いつでも確実にそんな快楽を提供してくれた。家庭生活がギリギリに追い込まれている極限状況の中で、明日香さんはそこに救いを求めるしかなかったのだ。

「快楽を得ている瞬間は、色んなことを忘れられる。私は専業主婦だったし不倫とかはめんどくさいから、とにかく快楽だけあればいいと思っていたの。その結果、女風にいきついた。あの時間は私にとって結婚生活からの逃避だったと思う。快楽を求める裏側には、どこか満たされない欲求があったの。それはやっぱり、どうしようもなく寂しかったからだと思う」

明日香さんの口からは、しきりに孤独や寂しさという単語が飛び出す。明日香さんにとって、家庭とは寂しくて、辛くて、孤独で、心が壊されそうな場所だった。でも、決して逃れることはできないのだ。

だから、頭がぶっ飛ぶような快感を欲した。それは、いわばカンフル剤のようなものだ。カンフル剤としての快楽は、確かに一時的な救いにはなる。しかしまたその先には、変わらず辛い日常が待ち受けている。だから、また苦しくなったら打たなければならない。

それは一種の嗜癖だったと、明日香さんは当時の心情を冷静に振り返る。思えば、女風に行きたくなるのは、決まって夫の女遊びの痕跡が見つかったときだった。

「いつも夫に裏切られたことを知って、自分が傷ついたときにセラピストの施術を受けたくなるの。快楽でぶっ飛ぶためにね。でもね、快楽はあくまでも快楽で、それは愛じゃないってことには薄々気づいていた。セラピストがいくら上手くても、やっぱり心と心がつながることはできないんだよ。私はやっぱり心が通うものがほしかったの。だけど、家庭を壊せないから他のものとすり替えて何かで埋めようとしていただけ」

その証拠に、圧倒的快楽の先には、いつも空虚さが残った。ずっと愛がほしかった。幸せな愛のある家庭を追い求めていた。しかし、現実にはそれはただの入れ物で幻想だった。たとえそうだとわかっていても、手放すのが何よりも怖かった。明日香さんにとって離婚という選択は、人生の敗北を自分で認めることに他ならないからだ。

†自分に正直になろう

しかしそんな苦しみも、過ぎ行く年月が解決してくれた。気がつくと人生の終着点は、うっすらと見え始めている。いつしか長女は家を出て、息子は大学生になっていたのだ。もう、自分に正直になってもいい、そう思い始めたのは、五〇歳が目前に迫るある日のことだ。

「私たち、離婚しよう」。明日香さんは夫にそう告げた。

幸せな家庭なんて、本当は私たちの間には最初からなかった。とうの昔に壊れていたんだ――。それを自らが認めるのはとてつもなく「痛い」ことでもあった。しかし、事実とまっすぐに向き合うと、すとんと気持ちが楽になれた。

明日香さんはその後夫と離婚し、家を出た。そして約二〇年ぶりに看護師として復職し、今は介護施設に勤務している。偽りだけの結婚生活よりも、気ままな一人暮らしのほうがよっぽど幸せ。それが明日香さんの実感だ。離婚してからというもの、あれだけ苦しかった摂食障害の症状はパタリと消えた。

明日香さんはようやく自分の人生を手に入れ、地に足をついて生きることに喜びを見出している。離婚してから明日香さんが女風を利用することはなくなった。今、明日香さんは心から大好きな彼氏がいるという。

「今の彼氏は、セックスの後にギューッと抱きしめてくれるの。セックスの後のハグがめちゃ気持ちいいと思ったのは、人生で初めての体験なんだ。彼氏にギューッとされてるときにね、私やっぱり快感だけがほしかったんじゃないんだって思ったの。本当は私、ずっと男の人とちゃんと人と心を通い合わせるセックスがしたかったんだって気づいたんだ」

彼氏とのセックスは、セラピストとの刹那的な快楽とはまるで真逆だ。それは心の底から自分を包み込んでくれる温かくてポカポカしたものなのだ。

明日香さんは、時折無邪気な少女のような笑顔を見せてくれた。今の明日香さんには、苦しみから逃れるためだけのカンフル剤はもう必要ないのだろう。長い人生の道のりの末、明日香さんは家庭という牢獄からようやく自由になった。そして、自分を縛っていたものやしがらみから解き放され、ずっと、そして切実にほしかったものをようやく手に入れようしているのだから。

第三章

女風を提供する人々の思い

（1）ある女風オーナーの思い――元専業主婦Oさんの挑戦

†風俗とは無縁の平凡な生活

なぜ女風のお店を立ち上げようと思ったのか。増え続ける女性用風俗店を支える経営者たちは、どんな思いを抱えているのか。

女性用風俗店「シェアカレ」のオーナーであるOさんに、話を聞くことにした。Oさんは、どこにでもいそうなアラフィフ女性である。

「シェアカレ」のキャッチフレーズは、「女の女による女のための風俗」だ。意外に思われるかもしれないが、女性向け風俗店をOさんのように女性が経営することは珍しくない。

「シェアカレ」では、性感はもちろん、揉みほぐしに重きを置いている。そのためセラピストたちは、専門的な揉みほぐしの講習を受けてから現場に入る。例えばキス一つにしても、唇の触れ方やまなざしなどをセラピストになるべく意識させるようにするなどの講習が行われる。頭を撫でられているだけなのに、不思議と心まで見つめられている気にさせられてしまう。そんな女性への細やかな接し方は、Oさんがセラピストたちにお願いしたものだ。

セラピストたちの年齢層は二十代が主流で、清潔感のあるイケメンたちだ。彼らの属性はというと、専業のセラピストがいる一方、副業として空いた時間に働く一般企業のサラリーマンもいて、多種多様だ。女性はHP上のプロフィールを見ながら、セラピストを吟味する。

一概に女性用風俗といっても、お店によってその特色は大きく異なる。性感に力を入れているお店、反対に通常の揉みほぐし寄りのお店もある。女性に接する「セラピスト」の男性も爽やか系、メガネ男子など、バリエーションは様々だ。

聞くとOさんの経歴は、また異色だった。彼女は、数年前まではサラリーマンの夫と暮らす普通の専業主婦だったのだという。風俗とは無縁の世界を生きてきたそんな女性が、なぜ女性用風俗の経営に関わることになったのだろうか。

それは、Oさんの結婚生活に遡《さかのぼ》る。彼女が結婚したのは、今から一〇年前。夫は地域の有力者の息子で、いわゆる御曹司だった。何不自由ない生活ではあったが、夫は親からことのほか厳しく育てられ、まともな愛情を受けたことがなかった。夫の家族は、いわゆる機能不全家族だったのだ。

「夫は親に小さい頃から虐待されていたの。親は僕を守ってくれなかった、と夫はいつも言っていて、それを傷と感じていた。私は負けん気が強くて、どんなことがあっても絶対に夫のことを信じるタイプ。彼はそんな私を見てすごくホッとして、安らげたんだと思うの。自分の味方をやっと見つけたんだよね。それでプロポーズされたの」

Oさんは、揺るぎない優しさと強さを持った女性だ。そんな博愛的な優しさに包まれて、Oさんの夫は初めて愛を知ったのかもしれない。

そうして、平凡だが幸せな結婚生活が始まった。しかし、その生活は長くは続かなかった。

†夫の孤独死から始まったお店

夫の様子が大きく変わったのは、会社で中間管理職に就いてからだ。夫はその頃から、会社の権力闘争に巻き込まれ、上司と激しくやりあうことが日常茶飯事となったと、愚痴を漏らすようになった。しまいにはその上司によって、子会社に左遷されてしまう。それはOさんの夫にとっては屈辱であり、長年自分のすべてを捧げてきた会社人生の敗北を意味した。

以降Oさんの夫はうつ病になり、休職、家にひきこもるようになる。そして次第に酒に溺れるようになっていく。Oさんは、夫の心と体が崩壊していく姿をまざまざと見せつけられた。誰よりも真っすぐで、心の優しい夫。そんな夫が社会で崩れ落ち、ぺしゃんこになる姿を、ただ横で見ているしかなかった。

自分で自分自身のケアができなくなる行為のことを、セルフネグレクト（自己放任）という。極度な不摂生や医療の拒否、部屋のごみ屋敷化など、自らをじわじわと殺していく緩やかな自殺行為のことだ。Oさんの夫は、まさにこのセルフネグレクトに陥っていた。

「とにかく体中のにおいが異常だった。夫は肝臓をやられていたみたいで、体がすごく臭かったの。同じ車に乗ったら窓を開けないと吐き気がして、気持ち悪くなるくらいの臭いを放っていた。うんちとげろが混ざったようなにおいがする。だから本当に心配していたの。飲んでることが原因だよって私は何度も言ったけど、夫は最後まで聞き入れてくれなかった。お願いだからお酒をやめてって言ってもやめないし、病院に行きなよといっても注射が嫌だと言って、頑として受けつけなかった。とにかくふさぎ込んで、何を言っても聞き入れないの」

夫のことを心配してつい口うるさくなるOさんを疎ましく思ったのか、夫は都内の小さな別宅に引きこもるようになる。ある日、数日連絡がつかないことを心配したOさんが家を訪ねると、凄まじいにおいが家の隙間から漂っていることに気がついた。そう、夫はすでにこと切れていた。その体はぐちゃぐちゃに溶け、見られる状態ではなかったという。

夫は、五十代の若さでその生涯を閉じた。

死因は、大量のアルコール摂取による肝硬変だった。

夫は長年生きづらさを抱えていた。親からの愛情も受けずに育ち、会社からドロップアウトし、若くして死を迎えるしかなかった。そんな夫を自分は助けてあげることができなかった。そんな罪悪感がOさんを襲った。私が守ってあげられなくて、ごめんね、ごめんね――。Oさんは泣きじゃくるしかなかった。

涙も枯れたある日のこと、ふと世の中を見渡せば、夫の人生のみならず、社会は様々な苦しみに溢れているのではないかと思うようになった。夫のように、世の中には声もなく崩れ落ちていく人たちがごまんといるんじゃないだろうか。そう思うようになったのだ。

「亡くなる直前の夫は、本当につらそうだった。夫は誰が仲間で誰が敵かわからない殺伐とした組織の中で、もみくちゃになり最後までずっと苦しんでいたんです。だけど、この社会って、よく考えたら男も女も本当にみんな息苦しい社会だなって思ったんです。男も女も自分を解放できる、少しでも生きやすい世の中にしたい――。私は社会のお掃除屋さんになりたい、そう思うようになっていったんです」

こんな息苦しい社会の詰まりを少しでも減らしたい、Oさんはそう思うようになった。

周囲の女性たちには、仕事や人間関係で疲弊していたり、長年のセックスレスなど深刻な性の悩みを持っていたりしても、一人で抱え込んでしまう人が多い。わずかな時間であっても、丸裸の存在を誰かに受け止めてもらうことの重要さをOさんは感じるようになった。

そんなある日、Oさんは性にまつわるある特殊な施術方法と出会った。

それは、腹部から生殖器、そしてその周辺部位にアプローチしていく施術法だった。以前から揉みほぐしに興味があったOさんは、専門家の元で技術を学んだ。そして、これを性的に悩める女性たちのために、応用できないだろうかと考えるようになった。

「私がいくら女性に施術したところで、性的な快楽には結びつかないと限界を感じたんです。女性は男性に乳首や性器を触られると、きゅんとなったりうずうずしてきて、自分の性的なスイッチが入る。そしてあそこがぐじゅぐじゅしたり、濡れてきたりする。それが自分の能力として発動する。その自発的な体の発動ってやっぱり大事だなと感じたの。膣にジェルを入れてとかではなく、自分自身で潤う体になってもらうことがすごく大切だと思ってるんですよ。こういう自分の体のいたわり方を、女の子にいっぱい知らせてあげたいと思っている。それには、やっぱり男の力が必要なんです」

†女性たちに届けたいのは、単なる男の肉体じゃない

女性が、自らの欲望を自分自身の手で切り開く。そのためには、男性セラピストの存在が必要だと考えた。そこで、女性用風俗店の立ち上げを思い立った。

「男たちを通じて、世の中の女の人たちを抱きしめたい」。それが、Oさんの願いだ。顧客の中には、セラピストと過ごす時間をつくるために、子どもを保育園などに預ける女性も少なくない。

「何も着ていない自分自身を必要としてもらえると、人は満たされる。あなたはそのままでいいよ、と言ってほしい。妻だから、母だから、そんな枠でガチガチに縛られた女性っ

て多い。だから、あなたのままでいいと言ってくれる存在が必要なんです。女性は、承認欲求を抱えて女風に来る。たとえるなら、占い師に会いに行くような感覚に近い。占いで打ち明け話を聞いてもらえて、前向きになれたら、また社会に戻れる。素の自分を受け入れてもらえることは、セクシャルな欲求を満たすことに近いと思うんです」

女性たちの欲望は、多岐にわたる。中には、六時間ハグだけでセラピストと共に過ごす女性もいる。Oさんの元には、女性ユーザーからのリアルな要望が日々届く。セラピストに頭を撫でてほしい、ハグしてほしい、思いっきり犯してほしい——。女性のニーズは、単なる性欲の解消と片付けられるものではなく、もっと根が深い何かがある。それは一般的な男性用風俗とは全く趣が違う。その裏には夫との夜の営みがない、モラハラがひどい——、女性たちのあまりに切実な現実が見え隠れする。

Oさんのそんな立ち上げの動機に共感して、その門を叩く男性セラピストも増え始めた。女性たちを少しでも理解したい、女性と同じ目線に立ってみたいと、生理用ナプキンをつけて過ごしてみたセラピストもいる。生理の疑似体験として、経血の代わりに水溶き片栗粉をつけたが、「気持ち悪さ、ドロドロ感に耐えられなかった。本当に血が出るんだと思

う と……」と、女性への敬意を強めたという。

†丸裸の自分を受け止めてもらえるということ

第一章でみたように、男性との性経験がないため一度男性の肌に触れてみたいという理由で、女性用風俗を利用する女性たちも増えつつある。そのほとんどが三十代、四十代の独身女性たちだ。

「シェアカレ」では本番行為はできないが、生身の男性と接触したり、恋愛の疑似体験を味わったりすることはできる。

セラピストを呼んだある女性の部屋は、どこもかしこもぬいぐるみで溢れていて、彼女の下着はすすけていたという。なぜかを聞くと、性体験がなく、下着をまめに取り換えるという発想がなかったということだ。

「そんなとき、セラピストには「うちの利用回数が減ってもいいから、自分をきれいにすることを教えてあげて」とお願いするの。それに、セラピストも人間だから、かびの生えた布団の上で、「ここでお願いします」と言われたりすると、落ち込んでしまうときもある。中には、ごみ屋敷みたいなお部屋に呼ばれることもある。そんなときは、私はとても彼らに申し訳ない気持ちになる。でも「この人は、なんでこんな生活を送っているんだろう」って、セラピストが考えることから物事って始まると思うの。そんな体験もきっとこれからの人生で役に立つし、彼等ならきっと女性に対する学びに変えていけると信じている。だって私が選んだセラピストなんだから」

様々な女性たちと接することで、社会への視野や洞察を広げてほしい。それがセラピストに対するOさんの願いだ。

前述した通り、女性用風俗業界では、女性がセラピストに依存してハマることを「沼《ぬま》る」と言い、逆にセラピストが女性を囲い込み、わざと依存的な関係を作ることを「沼らせる」と表現する。性経験の少ない女性は、その「沼」に落ちやすいのだという。

現実世界では誰も相手にしてくれない、だけど私にはあなたがいる、あなただけしかいない――。そんな思いを悶々と募らせている女性も少なくない。

最初は好奇心や性欲といった目的意識があるが、何回もお店を利用するうちに、セラピストに会うことに躍起になり、依存的な関係を求めるようになることもある。そんなとき、「シェアカレ」のセラピストたちは、「大丈夫？　一度、立ち止まってみようね」と、女性に問いかける。

「沼り、沼らせる」ことは、お店の目的ではないからだ。それも、Oさんのスタンスだ。

「ホスト業界には、客の女の子をキャバクラに送ったり、すでにキャバクラ勤めの女の子なら風俗に落としたりする人もいる。女風も一部では、同じことが行われている。本人の選択次第ではあるけれど、やっぱりそれはよいことではないと思うの。

女性向け風俗は言い方は悪いけど、公衆トイレ的な役割があると思う。感情の公衆トイレ。男性向け風俗は精液の公衆トイレだけど、女性は感情なの。公衆トイレだから、色んな人が利用するお手洗いなんですよ。みんなのもので、けっして自分だけのものじゃない。

私は、男がほしいの、こんなことしてほしいの、後ろから突かれたいの。それがこの場でなら言える。だけどその場限りであってほしい。女風はこの世の中には絶対必要、人はこういうものが必要なときだってあるの。でもそれはいっときね。ここは、自分の身を亡ぼすためにくる場所じゃないはずだから」

Oさんは最近利用者の中に、仕事で疲れ果てて心身ともにすさんだ女性が増えたことが気になっている。そのため今後は、利用価格を下げたいと考えている。

「まだまだ、経済的に厳しい状況にある女性も多い。でも、そんな女性こそサービスが必要だと思っているんです。お金持ちの女性たちだけのものにしたくないの」

女性活躍が叫ばれて久しいが、男女の賃金格差は一朝一夕には是正されず、日本の女性たちの自由になるお金は多くはないのが現状だ。Oさんが、いつもセラピストたちにかける言葉がある。

「ホテルなどから戻ってきたセラピストには、まず「女性に優しくしてくれてありがとう」と言うの。私は、彼らは女性たちの中に鬱積した感情を浄化してくれる尊い存在だと思っている。だからすごく感謝している。セクシャルな欲求を満たすだけでなく、限られた時間かもしれないけれど、運命共同体になって人生を一緒に考えたり、共感したり、女性の魅力に気づかせたりしてくれる、そんな存在でいてほしいと思ってるんだ」

今も、生きづらい社会であることは変わらない。しかし、Oさんは女風を通じて楽になる人が増えてくれればいいと感じている。セラピストは、その手助けをしてくれる心強い存在なのだ。女風を通じて、Oさんが女性たちに一番届けたいものは、性欲解消のツールとしての役割ではないという。

「現代の人たちってとにかく孤独で、寂しさを抱えているって感じるよね。男も女もね。だから最終的に私が女性たちに届けたいものは、単なる男の肉体だけじゃないの。そうじゃなくて、人から受ける優しい視線とか、信頼関係なの。「心配してたよ。大丈夫だった？　無理するなよ」という言葉だったりもする。本心では、人はそういうモノを渇望している気がするんですよ。それもあまり知らない相手に言われたからこそ、響くということがある。それってね、親やお兄ちゃんとか、そういう人たちが向けてくれる目線なんだよね。セラピストを通じて女性たちに私が一番贈りたいのは、性欲を超えたところにあるものなの」

Oさんのキラキラした眼差しが、私をまっすぐにとらえる。

なるほど、と思う。それはもしかしたら、今は亡き夫がずっとOさんに求めていたものではないか、と感じた。夫は親から愛情を受けることはなかったが、Oさんと一緒にいる束の間だけでも、きっと心の底から安らぐ瞬間があったはずだ。大きな愛情に包まれるとき、何かから人は解放される。そして、そんな愛や癒しを求める心は男も女もいくら年を重ねても変わらないのだ。

最愛の夫は、非業の死を遂げこの世にはもういない。夫を救うことはできなかった。しかし夫を失って、Oさんはそんな目に見えない愛を、多くの人々に与える側に無意識に回ったのかもしれない。そう、セラピストたちを媒介にして――。

それは、とても尊くて、奇跡的なことのように思えた。

Oさんが作り上げた「シェアカレ」――それはある一人の女性が、社会という戦場で生きる人々に届けたいユートピアなのかもしれない。

（2）「グリーフケア」としての女風——癒し系トップセラピストCさん

†コロナ禍でも売り上げを伸ばす女風「A」

女性用風俗「A」（仮名）は、新型コロナウイルスの影響により、日本全国に緊急事態宣言が発令されたGWの真っただ中、二〇二一年五月六日にリニューアルオープンを果たした店舗だ。コロナ禍にありながらも予約状況は上々で、順調に売り上げを伸ばしているという。

AのHPには、ジャニーズ系の草食イケメンから、ガッチリとした体格のワイルドなマッチョ系など、多種多様な男性の写真が並んでいる。プロフィールには、年齢、身長、体重、性格などとともに、顔のタイプがさわやか系、子犬系、韓国系、王子系、スポーツマン系など、これでもかというほど事細かに分類されている。

さらに、各セラピストからの「私と一緒にベッドの上で非日常の素敵な一時を過ごしませんか？　イチャイチャしながら濃厚なキスをして乱れ合いましょう」「献身的な愛撫で身も心もトロトロにします！　疲れている、癒されたい方はぜひ僕を選んでください！」など、甘い誘惑のメッセージも記されている。

女性たちはスマホの画面を片手にセラピストを吟味し、店舗の公式ＬＩＮＥから日時のやり取りをする。予約が取れたら駅などでセラピストと落ち合って、ホテルへ向かう。そして、「セックス以外」の甘い時間を過ごす。

「Ａ」の経営者であるＢさんは、さわやかな三十代のイケメン男性だ。聞けばＢさん自身も経営に携わる前は、セラピストとして働いていた経験があるという。その経験をもとに現店舗を立ち上げた。

女性の利用者が「女風」を求める動機について、Ｂさんはこう語る。

「女性用風俗を利用するお客様の目的は、性欲やストレスの解消、寂しさの解消、経験豊富なセラピストに触れてみたいという興味、主にこの三つですね。男性用風俗に比べると、性欲だけを解消したいというお客様は少ないと感じます。心を満たされたいという方が七割で、純粋な性欲解消は三割といったところです。一番は、心の安定だと思います。利用者の多くが、心を回復されたいと思っているのではないでしょうか」

一番多いニーズは、セラピストと本物の彼氏や恋人のようにイチャイチャして、疑似恋愛を楽しみたいというものだ。もちろんそれだけでなく、会っていきなり犯されたい、男性を縛りたい、ビンタしてほしいなどなど、女性たちの要望は多種多様で、時にはアブノーマルなこともある。そうした要望にも、セラピストが承諾すればできる限り対応しているという。

女風の利用者には、既婚女性も多い。特に切実なのは、セックスレスだ。

中には、夫公認で女性用風俗を利用するという女性もいる。男性のほうが「どうしても、そういう気持ちになれない」ため、外での性欲解消を容認している夫婦である。たいそうな年の差カップルかと思えばそうでもなく、同世代で夫婦仲も悪くない。「むしろ女風に通ったおかげで夫婦円満となり、家庭生活も幸せになった」という女性たちの本音も、ここでは当たり前のように飛び出す。

「A」利用者の九割を占めるのは二十〜三十代の女性だが、約一割は、六十代以上の女性である。中高年女性の利用の動機は様々だ。

ある六十代独身女性は、男性との接点が四〇年以上なかった。そのため、勇気を振り絞って、この世界に足を踏み入れたそうだ。

この女性は、二十代で海外旅行に行ったときに、偶然居合わせたアメリカ人男性に肩に手を触れられたことが忘れられずにいた。大きな男性の手に触れられたときの、ドキッという胸の高鳴り——その感覚が頭を離れない。その後、ずっと男性との縁はなかったが、あの強烈な体験は長年、脳裏に焼きついている。

「私、まだ恋愛できるのかな」。そう思ってネットの海を漂って、女風にたどり着いた。

女風では基本的に、全身の揉みほぐしなどを行った後、希望に応じてバイブやローターなどのおもちゃを使用したり、口や手を使ったりして女性を快感に導いていく。

「その方の場合は、おもちゃは使わないで、指も深くは入れずに、ゆっくりと様子を見ながら施術を行っていきました。ちゃんと気持ちよくなっていただけたと思いますね。そのあとも何度もリピートしてくださって、『老後の楽しみが増えた』と言ってもらえて嬉しかったですね」

女性は、すべてが終わると「まだ私でも大丈夫なんだと思いました」と、すっきりとした笑顔でつぶやいたという。ずっと心の中に封じ込めてきた性的な欲望を実現させたことで、自分の心と体とまっすぐに向き合うことができ、自分を縛っていた枷がようやく外れたような感覚だったのかもしれない。

「寂しいから呼んじゃった」、「寂しいから一緒にいて」、「寂しいから今すぐ来てほしい」。「寂しい」という言葉は、女性用風俗利用者の根源的な感情と言えるかもしれない。それほど女性たちは、セラピストにこの言葉をよく漏らす。

別の六十代女性は、母親が亡くなった喪失感から、セラピストを連日呼ぶようになった。

「そのお客様は、母親と死別してひとり暮らしになったので寂しいんだと言っていました。年齢的にもセラピストのことが、子どもみたいな感覚なんだと思います。そういうお客様は、施術より、心のケアをメインに行います。一緒にテレビを見たりして、穏やかな時間を過ごすんです。心のケアを求められることは、女風ではけっこう多いんですよ。この仕事は、一種の社会貢献なのではないかと思うことも度々あります」

家族や友人を亡くした後に体験する悲しみや喪失感、罪悪感などの情緒的反応を、「グリーフ（悲嘆）」と呼ぶ。グリーフ状態はいつかは終わる。しかし、その回復の過程においては、誰かと思いを共有することも大切だ。

そうした遺族の心の状態に寄り添い、回復のサポートを行うことを「グリーフケア」と呼ぶが、その女性にとって女性用風俗は、そんな機能を果たしていたのではないだろうか。

†女性の日常の中に一緒にいる感じ

「A」でトップクラスの人気セラピスト、Cさんにも直接話を聞くことができた。

どんなイケメンが現れるのかと内心ドキドキしていたが、Cさんは意外にも、いわゆるジャニーズ系とか、いかにも女性を知り尽くしていそう、というタイプではなかった。ラフなTシャツに黒髪のCさんは、気取ったところもオラついたところもない。一言で現すと、女子会に混じっていても全く違和感がないような、穏やかなタイプの癒し系。話し方もとても丁寧で、とにかく優しそうだ。そこがきっと魅力なのだろう。

職歴を聞くと、女性が多い職場で働いた経験が多く、初対面の女性とも気軽に打ち解けられる聞き上手が売りだという。彼が同店でナンバーワンだという事実からも、女性が求めるものが決してビジュアルのみではないことがわかる。

そんなCさんを指名する利用者には、一晩を一緒に過ごす「お泊りコース」を希望する女性も多い。当然ながら拘束時間が長いため料金は跳ね上がるが、それでもCさんと長時間一緒に過ごしたいのだ。

「お泊りコース」を指定されると、Cさんは女性の自宅に行き一緒にご飯を食べ、一緒にテレビを見、お風呂に入ってベッドで横になり、女性を抱きしめて眠りにつく。ただ心を許しあった恋人同士のように過ごす。

「女性の日常の中に僕が一緒にいる感じですね。一緒にシャワーを浴びて、一緒に寝て、朝になると、朝ご飯を食べて「じゃあね」と仕事に出かけるみたいにして帰る。一緒に暮らしている感じです。寝るときはくっついて、ハグしたり、腕枕したりしながら寝るんです。本当に彼氏の役割ですよね」

同店では、性感コースの他にデートのみのコースもある。八割の利用者は性感コースを選択するが、二割はデートコースを選ぶという。

コロナ禍の真っただ中に、Cさんとのデートコースを指定した妊娠中の女性がいた。

「その方は、もちろん結婚していて旦那さんがいる。だけど旦那さんがモラハラ気質で、うまくいっていないと言っていました。そのうえコロナ禍で、旦那さんがテレワークでずっと家の中にいて、ストレス発散する場が全然なかったみたいです。長時間顔を合わせているのでイライラして、喧嘩が絶えなかったらしいです」

Cさんと女性はホテルに入ったが、もちろん性的なことは何もしなかった。Cさんは、ただ彼女の話を否定することなく親身に聞いて、最後は笑顔で別れた。

著者の周りにも、コロナ禍で離婚の危機を迎えた夫婦がいる。溜まりに溜まった夫婦間のストレスはどこかで吐き出さないと、マグマのように膨れ上がり、DVなど最悪な形で現れることもある。

誰にも言えない思いを聞いてほしい、癒されたい――。女性にとって、Cさんと話している瞬間は、唯一の心安らぐ時間だったに違いない。待ち合わせの時に凝り固まっていた彼女の表情が、別れるときにスッとほぐれているのを感じて、Cさんは心の底からよかったと思ったという。「A」の取材を通して気がついたのは、女性たちは何らかの「救い」を求めて、女性用風俗を利用しているということだ。

結婚生活、育児といったしがらみは、そう簡単に放り出すわけにはいかない。人間関係の不和や、不条理を抱えたまま生きていかざるを得ない。しかし、矛盾をひとりで抱えこむ苦しみは耐えがたい。その穴を埋める何かが、ひとときでも救いをもたらしてくれる誰かが、必要になる。心が折れそうなときは寂しさを埋めてほしいし、勇気づけてほしい。心を許せる誰かと触れ合いたい――。それは当たり前の欲求である。

女風は、そんな女性たちの心と体の両方に寄り添い、そっと背中を押すような役割を果たしているようだ。しかし、女風が近年増え続けているという事実は、それが苦悩する女性にとって一種の「逃避先」としても機能していること、生きづらい女性を取り巻く環境がより厳しくなっていることをもあぶり出している。

今日この瞬間も、女性たちはセラピストと過ごす非日常のわずかなひと時で、身も心も脱ぎ捨てている。性欲も苦しみも、むき出しの「本当の私」になる。そして、「私、まだ頑張れる」と自らをリセットし、再び日常という終わりのない戦いに戻っていく。

活況を呈する女性用風俗――それは、現代社会が女性にとって逃げ場のない戦場であること、女性たちが心身両面での救いを切実に求めていることの、残酷な証なのかもしれない。

(3) 女性用風俗総合情報サイトが本当に伝えたいもの――姫豚さん(二五歳)

「姫インフォ」(以下は取材時のもので、二〇二二年三月現在サイトは閲覧不可)は、女性用風俗に関する総合情報サイトだ。

女風に興味はあるけど、その一歩を躊躇している女性たちは多い。そのため女風とはどういう世界なのかという、女性たちが抱く素朴で初歩的な疑問に答えるような内容となっている。サイトではセラピストとどんな流れでどんなことが行われるのか、ユーザー目線で赤裸々な体験談が漫画で綴られている。

例えば、「クチコミ漫画」ではユーザーから届いた赤裸々な体験談を漫画で発信している。漫画を読んでいると、どういった流れで、どんなことができるのか、女性ユーザーたちの個々人のレポートを追体験することによって、実際の流れをイメトレすることができるのだ。

そのコンテンツは、マンガだけには留まらない。

「ぶっちゃけセラピスト」というコーナーでは、女風店舗に所属するセラピストたちのエッセイを定期的に掲載することで、セラピスト側からの様々なリアルな思いを発信する機会になっている。また読者側からもセラピストとの体験を投稿できるなど、双方向性を持ったサイトの作りなのも特徴だ。

コラムではセラピストの選び方などはもちろん、セラピストとのおすすめのデートコース紹介があったり、はたまた他のアダルトレジャースポットのレポがあったりと、多種多様な投稿がある。

「姫インフォ」は、女風はもちろんのこと、女性たちの「性」に関する様々な情報も発信するサイトの構成になっている。

そのサイトの運営者である姫豚さん（二五歳）に話を聞くことにした。待ち合わせ場所の喫茶店に現れた姫豚さんは、ショートカットの笑顔が可愛らしい女性だった。

†DV夫に気づかせてくれたのが女風だった

姫豚さんはサイトを立ち上げる前は、あくまで女風の一ユーザーに過ぎなかったという。

女風を利用し始めたのは、今から四年前だ。そのきっかけは元夫とのセックスレスだった。

姫豚さんは、一九歳という若さで結婚した。しかし、幸せな結婚生活は長くは続かず、一年後から夫は頻繁に浮気をするようになる。ある日、たまりかねてその事実を指摘すると、夫は逆上し、突然殴ってきた。DVが始まるようになったのだ。

夫婦の雰囲気も険悪になり、当たり前のようにセックスレスになった。行き場のない性欲とストレスを持て余すようになった姫豚さんは、ある日女風を知り、思い切って利用してみることにした。

「家族って、かなり閉鎖的な空間じゃないですか。今考えると旦那さんは完全にDVとモラハラ夫だったんです。傍からみると普通にあかんやつだったんですよ。当時の私は本当に最悪な状況だった。だけど当時の私は、夫にそんなことをされても自分が悪いんだと思い込んでいたんです。そしてそれを相談できる相手がいなかった。そんなタイミングで女風に出会ったんです」

姫豚さんは、あまりに若くして結婚したという引け目もあり、夫のDVを友達など親しい人に相談することができなかった。孤立無援の状態の中、家庭の話を唯一打ち明けられたのが、定期的に会う女風のセラピストだった。

特定のセラピストと会うようになると、自然と雑談の中で夫のことを話すようになった。初回から裸の関係ということもあり、誰にも話せなかったプライベートな悩みも、セラピストには隠さず話すことができた。

そのセラピストは、毎回親身になって姫豚さんの話を聞いてくれた。そして夫の行為は明らかにDVであり、「それはやばいよ。女性に対して男がやってはいけないことだよ」とハッキリと姫豚さんに指摘した。

姫豚さんはセラピストとの会話で、初めて夫の行為を客観的に見ることができた。それがきっかけとなり夫との離婚を決意し、無事に成立した。

「だから私は女風を利用してよかったと思ってるし、ハッピーエンドなんです」

姫豚さんは、そう言ってほほ笑む。

また、姫豚さんは女風の経験を通じて、「(セックス)レス妻」という共通の悩みを持つ多くの女性たちとSNSで繋がることができた。彼女たちとは年齢も職業もバラバラだが、「レス妻」という共通の話題で仲間意識が生まれ、すぐに仲良くなれた。さらにネットの世界をとび越えて女子会などに参加することによって、リアルなコミュニケーションが生まれ、たくさんの女性たちと親密になった。そこでレスだけでなく、自分と同じように様々な家庭の悩みを抱えている女性たちがいることも知った。

離婚してからは女風の利用回数は減ったが、そんな女性たちに対して、様々な性に関する情報を届けたいという思いは強くなった。女風の情報サイトはいくつかあるが、お店の宣伝目的だったりサイトの営利目的が絡んでいたり、本当に女性のために利用者目線で作られたものは少なかった。

ある日、姫豚さんが何気なくツイッターに女風の体験イラストを上げると、女風仲間たちにすこぶる好評だった。そして、「もっといろんな体験を描いてほしい」という感想がたくさん届いた。

そこで女性たちのアドバイスを参考にしながら、様々なコンテンツを増やし、二〇一九年に今のサイトを立ち上げた。企業や個人に忖度することなく、自由に女風についての情報発信をしたい——。そんな思いからサイトの収益化などはせず、あくまで個人サイトとしての立場から運営している。

「世間的に認知されつつも、まだまだ女性用風俗って偏見が強い。女性がそんな場所に行くなんてと抵抗感を抱えている人もけっこういます。だけど性欲は女性もあるし、人間として普通なことだから、ため込む必要はないよと伝えたいんです。だから今後も色んな種類の風俗が出てくれれば面白いなと思いますし、もっと多くの人に開かれた世界になればいいなと思っているんです」

初心者の女性たちの女風への入り口として人気なのが、クチコミ漫画だ。クチコミ漫画は、読者が経験したリアルな体験談を、姫豚さん自身が漫画化してサイトに掲載している。女性用風俗の良い面も悪い面も正直に伝えたい。そんな思いから、女風の失敗談やトホホな体験も隠すことなく描かれているのが特徴で女性たちの支持を集めている。この体験漫画も姫豚さんが仕事の合間を縫って描き、定期的にサイトにアップしている。

「初めての人にはいきなりセラピストを指名するというより、漫画を読んでもらって、女風ってこんな感じなんだと思ってもらえればいいなと思うんです。女風って人によって流れや、使い方も全く違う。だからこういう流れもあるし、こういう使い方もあるんだよというのを知ってほしい。あと、こういう変態もいるよというのもある（笑）。

口コミサイトやツイッターで感想を書く方もいらっしゃるけど、ぶっちゃけ、文章が長いとよほど暇じゃないと読めない。だけど漫画ならパッと見て、すぐにその感覚が伝わると思うんです」

†発散する場所はここだけじゃない

女性たちの間で頻繁に話題に上がるのが、「沼る」問題だ。「裸」の関係になると、どうしても一人のセラピストに入れ込んでしまう。姫豚さんの知り合いの女性たちの中には、かつては会社勤めをしていたのに、特定のセラピストに沼ってしまい、その利用代金を稼ぐために風俗で働くことを余儀なくされた女性たちもいた。

しかし姫豚さんはかつての自分のように、女性にとって女風が人生をプラスにするための存在であってほしいと願っている。

「女性にとって、女風は病んだり悩んだりするためじゃなくて、悩みを解消できる場として利用するのが理想だなと思っているんです」

そのためには、女性たちが女風だけに依存するのではなく、性的なプレジャーは他にも無限にあるということを知ることが大事だと考えている。

好奇心旺盛な姫豚さんは離婚後、色々なアダルト系の場を経験した。ハプニングバー、カップル喫茶、ＳＭの緊縛講習会、マッチングアプリ、レズ風俗、レンタル彼氏、おっパブ――。スカトロ以外、ほぼすべての性の現場に足を運んできた。

そこで学んだことがある。それはあまり知られていないだけで、女性の性欲解消の場は実は世の中にはたくさんあるということだ。今は女性たちに、女風以外のもっと色々な性の場の選択肢を提示できないかと考えている。

そこでコラムや漫画では、姫豚さん自身の様々な性の場の体験談を綴り、意識的に発信するようにしている。それはネットだけの世界には留まらない。女子会で知り合った女性たちを引き連れて、みんなでハプニングバーに行ったりもする。

「女風を利用する女性の方って、皆さんきれいにされている方が多いんですよ。セラピストという定期的に会うお相手がいるからこそ、美意識も高いんです。だからこそなおさら女風以外の場を知ることって、大事じゃないかなと思うんです。

他の場に身を置くことで、逆に女風を利用する意味が冷静にわかると思う。お金を払わなくても、性的なことは自分にもできるんだという自分の価値を知ることができる。逆にお金を払うとこういうサービスが受けられるよね、と客観的になれるんです。私には女風しかないと思うと、やはりどうしても視野が狭くなってしまうと思うんですよ」

女性たちが様々な性の世界に触れることで、一種の精神的余裕を持ちながら、人生を謳歌してほしい。それが姫豚さんの願いだ。

†沼らないために、セラピストを使い分ける

姫豚さんは、女性たちが沼らないためにセラピストのユニークな使い分けをお勧めしている。それはデート要員、お笑い要員、性感要員と何人かを「利用目的」で変えるということだ。姫豚さん自身、その三者を使い分けることで、一人のセラピストに依存しないようにしているという。

「デートや性感する一人の人だけと会っていると依存してしまい、その人しか見えなくなっちゃう。でも色々な人を使い分けることで、一人に沼らなくて済むと思うんです。女風って実際に一か八かで飛び込んでみないとわからない世界なので、最終的にはノリと勢いが大事だと思うんです。そんなときに、何人かの人を使い分けていたら、一人の人で嫌なことがあっても、別な人に相談するということができると思うんですよ。セラピストは彼氏と違って恋愛関係じゃないから、いくらでも相手を作って大丈夫だということを伝えたいですね」

そんな姫豚さんの思いの詰まった「姫インフォ」は、多くの女性たちの支持を集めてやまない。その成り立ちには、女風と出会うことによって夫のＤＶから抜け出した一人の女

性の奇跡的な人生があった。

　そしてサイトで女性たちが繋がることで、もっと性的に解放され、幸せになる人たちが世の中に増えてほしいという願いが込められていた。姫豚さんは女性たちを思いながら、今日も漫画を描き、コラムを更新し続けている。

（4）女風バーの誕生

†セラピストにリアルに会える場を作りたい

女性用風俗が活況を呈する中、その周辺でユニークなムーブメントが起こりつつある。女性用風俗をコンセプトにしたバーが新宿歌舞伎町に誕生したのだ。この女風バーが、女性たちの間で話題となっている。そんな噂を聞きつけて、早速同店に足を運ぶことにした。

「Bar I AM THAT I AM」は、女風のセラピストに直接会えることを売りにしたコンセプトバーだ。同店はオトナの女性に向けた新感覚エンターテイメント空間として、二〇二一年二月にオープンした。

同店では指名多数の有名セラピスト、まだ初々しい新人セラピスト、また、デビュー前のセラピストなど多種多様なセラピストと会話を楽しむことができるという。

ブルーとピンクにライトアップされた、ムーディな音楽が流れる店内。そこは、一見普通のバーかと見まがうほどだ。そして、カウンターに並ぶイケメンの男性たち――。アッパーな音楽が流れ、大音響のかけ声が飛び交うホストクラブとは全く趣が違う。店内は、どことなく脱力していて、ゆったりとした雰囲気が特徴だ。

代表であるジョニー岡田さんと共に同店の立ち上げに関わった、共同オーナーの村上さん（四十代男性）に話を聞くことにした。岡田さんと村上さんは、二〇一七年に「ヒメゴト」、二〇二〇年に「アーメン東京」という女性用風俗店を立ち上げ経営していた。そして、三店舗目にオープンしたのが、「Bar I AM THAT I AM」というわけだ。

それにしても、なぜ女風バーが生まれることになったのだろうか。

それを聞くと、村上さんたちが女風店舗を経営している中での気づきがきっかけになったということだった。

「僕たちが店舗を経営している中で、女性用風俗の需要があるのは確かに肌で感じるんです。ただ、どうしても女性たちが最初の一歩を踏み出しづらいのではないかというジレンマがあったんですね。女性たちは女風を利用してみたいという興味はあるんですけど、その前で躊躇してしまうんです。その理由を私なりに分析してみて、まだ社会的認知度が低いことだと感じたんです。男性用風俗に比べて女性用風俗は、都市伝説みたいなイメージが根強い。利用すること自体が、やっぱり変わった眼で見られるというのもあるんです。あと、パネルに貼ってあるセラピストが本当に来るのか、待ち合わせ場所に全く違う人が来るんじゃないかと、女性は不安に思っている。そもそも、初対面の男女が二人で会うわけですからね」

女風がカジュアルになることで社会的認知度が上がり、女性たちにとって敷居が低くなればいい。そのためには、セラピストと一対一で会うその一歩手前のハードルを取り除く必要がある。リアルの場でもっと気軽にセラピストと会う機会を作れないだろうか。

そう思うようになった。

「お客さんとセラスピストがリアルで会える場を作ったら面白いんじゃないか、と思うようになったんですね。ネットはネットでいいけど、直接お互いの顔が見えたり会話をしたりする場があってもいい。それには、バーという形態が最適だと思ったんです。そこでコロナ禍の真っ只中でしたが、オープンすることにしたんです」

女風を巡っては、その入り口のハードルが高いために、どうしたらもっと気楽に利用してもらえるかセラピストたちが悩んでいるのが実情だ。

女性用風俗店は、ホストクラブと違って基本的に無店舗型だ。そのため、入り口はネットでの集客になる。ツイッターなどのSNSで発信力のあるセラピストは、客を得ることができる。しかし、自己プロデュース力が乏しければ、永遠に指名が入ることはない。客がつかないセラピストは、永遠に「お茶」をすることになる。その落差が激しい。村上さんの実感によると稼げるのは、上位二割のセラピストたちだ。八割は客にあぶれるという非常にシビアな業界なのだ。

リアルにユーザーと会って接客できる機会があれば、セラピストたちにとっても自らを直に売り込む場にもなる。しかし自店舗のセラピストだけでは、面白みに欠けてしまう。

そこで自らが経営する店舗だけでなく他店舗にも声をかけて、そのコンセプトに賛同した他店舗からのセラピストにも、バーカウンターに立ってもらうことにした。そのため、多種多様なセラピストたちが店頭に立つことが実現できた。コロナ禍真っ只中のオープンだったが、順調に売り上げを伸ばしているという。

†女性たちの来店動機

バーを訪れる女性たちの八割は一人でやってくる。その来店動機も様々だ。

女風を利用する勇気はないが、バーには興味があったので訪れたという女性もいれば、女風の常連で、パネルでしか見られないセラピストと話をしてみたくて来店する女性もいる。女性用風俗って最近よく耳にするけど、どんなサービスを受けられるのか。セラピストはどんな人がいるのか。そんな興味から店の看板を叩くライトユーザーたちが増えた。

村上さんは、女性の性についてこう語る。

「これまで、女性の性欲解消の場ってなかったんですよ。ハプニングバーとかはあるけど、そこにたどり着く女性は、いわば性の猛者ですから。やっぱり普通の女性は怖いし、足を踏みいれづらい。女性用風俗もそうなんです。だからといってパートナーである彼氏とか夫には自分の性癖を全開で言えないですね。その場限りだから言えるというのがあるじゃないですか。相手が何者か知らないからさらけ出せる。バーというオープンな形態を取ることで、女性にも安心感をもっていただいて、女風の間口が一般の人にもっと広くなればいいなと思っているんです」

同店には、様々なタイプのセラピストがバーテンとして勢ぞろいしている。ホストと違って指名制ではないのも特徴だ。そのため、色々なセラピストと会話することができる。いわばより取り見取りで、自分のタイプのセラピストをじっくりと時間をかけて吟味することもできるのだ。お目当てのセラピストを探す目的で来る女性もいれば、女性たちでワイワイ楽しい時間を過ごすために来店する女性の集団客もいる。

最近予約として増えているのが、「女子会プラン」だ。セラピストたちに囲まれて、お酒を片手にソファー席でワイワイ女子トークを楽しめるというプランなのだが、これが人気なのだという。

ここでは、性に関するトークも大っぴらにできる。そんなオープンな雰囲気もあってか、女風バーで知り合った女性同士が意気投合し、女子会プランを予約する――。そんな風に女性たちの輪が広がることもある。

同店の年齢層は、三十～五十代で、いわゆる一般の人たちだ。店舗の所在地である歌舞伎町は日本一の歓楽街だが、そんな場所にはこれまで縁がなく、足を踏み入れたことがなかったという人も多い。どちらかというと、これまで性に積極的ではなかった女性たちが、女風バーの客層だ。

女風バーを、ホストクラブみたいなギラギラした空間なのではないかと誤解している人もいる。しかし、あくまでバーなので、ホストクラブのように派手なかけ声がかかることもないし、高いドンペリを開けなければならないということもない。店内の雰囲気もアッパーというよりは、ダウナー。客層も、風俗や水商売とは真逆の、いわば普通の女性たちだ。

「女風バーって、ホストクラブとは全く違うんです。シャンパンを空けてウェイウェイ！なんてやりません。店内はすごく落ち着いて、とてもまったりとした雰囲気です。そもそもセラピストたちも、ホストのような声のかけ方は知らないような男性ばかりです（笑）。お客さんも、いわゆるホストの客のような元々歌舞伎町にいる女性は少ないんです。人生で一、二回くらいしか歌舞伎町に来たことがないし、バーも行ったことのないような一般の女性の方が圧倒的に多いんですよ」

性に対して興味はあるが、なかなか足を踏み入れる勇気はなかった。そんな世の中の一般の女性たちがもっと性に前向きになってほしい、積極的に性に乗り出してほしい――。そんな思いから、店はオープン以降、様々な女性向けのイベントを企画している。特攻服DAY、白衣DAYなどを設け、その日はコンセプトに沿って、セラピストたちが様々なコスプレをして女性たちを楽しませる。セラピストたちの別の面を覗くことができるとして、女性たちに好評だという。

†日常生活から切り離した遊びが必要

そんな様々な企画は、村上さんの性の世界への揺るぎない愛から来ているという。

村上さん自身、元々は一般企業に勤める会社員だった。昔から夜の世界が好きで、会社勤めの傍ら、夜はハプニングバーや、フェティッシュバーなどを遊び歩いていた過去がある。会社員や自営業者、医者など、様々な肩書を持った人たちも、この世界では丸裸になれる。日常生活のしがらみから解き放たれるからこそ腹を割って話せる関係、そこで人々が繋がることが素敵だと感じた。そんな性の世界の魅力を、もっと多くの人たちに伝えたいと感じている。

「僕はこれまでハプバー、SM、人体改造など色んな性癖のコミュニティに属してきたんです。そんな環境に身を置いていてわかったことなんですが、人間って日常生活とは切り離した遊びって、絶対必要なんですよ。そういう場所で輝くことによって、より一層日常が充実する。

裸の付き合いって、どこも隠すところがないんです。ハンドルネームの呼び合いでしかないから、人間同士の対話になってくるんだよね。だから、そこで知り合った人とはめちゃくちゃ仲良くなる。全部を見せあって、男も女もみんなでワイワイできる場所があったら、人生や生き方が変わる人も出てくるんじゃないかなと思っているんです。将来的に日本にもそういう場所を作るのが、夢ですね」

そんな村上さんのチャレンジは、コスプレ企画に留まらない。たとえば店に緊縛師を招き、女性向けにSMショーを企画したことがある。その日は予約が殺到し、すぐに満員御礼になったという。

また、女性の視点で作られた体に優しいポップな女性用大人のおもちゃ「ｉｒｏｈａシリーズ」を店頭に並べることを思いつき、販売会社とすぐに契約を結んだ。村上さんは自分の店を媒介にして、女性たちにとって性がもっと開かれた世界になればいいと感じている。

アメリカにはストリップの祭典があり、ヌーディストビーチがある国もある。それに比べて、日本は性に関しては何かと閉鎖的だ。そんな性に対する日本の風土を変えていくのが、村上さんの夢でもある。

「人に言えない性癖とか色んな欲望があるにもかかわらず、それを吐き出す場所がないことによって、人生がつまらないと感じている方がけっこういらっしゃるんじゃないかと思うんです。

今の女性たちは経済的、精神的な余裕はある方が多いのではないでしょうか。ただ、性的には圧倒的に満たされてないと思いますよ。それは男も同じなんです。性のあり方は、人間とは切っても切り離せない。だから、もうちょっとそれを前向きに楽しめる場所を作っていったほうがいいと思う。僕自身が、一般の女性たちと性のコミュニティの懸け橋になりたいと思っているんですよ」

様々な性の世界を知り尽くした村上さんは、その豊かさをもっと多くの人に伝えたいという篤い思いを抱えている。そして女風バーは、そんな村上さんの溢れんばかりの思いが詰まった店舗でもある。

村上さんの話を聞いていると、女風バーとは、単にイケメンのセラピストと会話する場だけではないことがわかってくる。女風バーが生まれた背景には、女性たちのセクシャルなプレジャーへ関心を抱き、乗り出してきたというこれまでにはないうねりがあり、それは、大きな潮流となる可能性を秘めている。

例えば近年、「ストリップ女子」という言葉がメディアで取り上げられるようになっている。これは、ストリップのファンの女性たちを指す言葉だ。かつては男性たちの性的娯楽としてクローズドな世界だったストリップだが、今では、その美しさに魅了された女性客が増え続けているという背景がある。その需要に合わせ、各劇場も女性客を取り込もうと女性優先席を設けるなどして、躍起になっている。

女性たちは、これまで性の世界への興味は持ち合わせていつつも、その警戒心や、受け皿のなさなどやから未知の世界へとダイブする機会が少なかった。しかし、これまではそのきっかけがなかっただけに過ぎない。

女風バーのような場所は、その門戸を広げ、女性たちがこれまで閉ざされていた性の世界へのパンドラの箱を開く足掛かりになる。そして村上さんのような、様々な性のプレジャーの経験を重ねた案内人が、開拓していってくれるのかもしれない。

令和という時代に生まれた女風バーという新規の業務形態は、そんな時代の変化を現しているような気がしてならないのである。

第四章

セラピストたちの思い

（1）多種多様な女性の欲望を満たす
——自分だけの「武器」を売りにするけんさん（四三歳）

†イケメンでないけれど大人気

女性たちの心と体を、真っ正面から受け止める職業——、それが女性用風俗のセラピストだ。なぜ、男たちは女性用風俗で働こうと思ったのか。そして日々彼らは、どんなことを感じているのか。この章では彼らが抱える苦悩や葛藤、そして喜びなどに肉迫することで、「売る」男性たちの本音とその実情に迫った。

女性たちの欲望は、多種多様だ。女性用風俗の世界において、高身長で誰もが振り向くようなイケメンのセラピストは確かに圧倒的な人気を誇る。

しかしそんな艶やかなルックスではなく、自らのテクニックのみを武器にして女性たちを虜にするユニークなセラピストたちもいる。女風の取材を始めてすぐに、ある女性ユーザーから、ぜひこのセラピストを取り上げてほしいというあつい要望が届いた。

それが、女性用風俗の老舗店、名古屋萬天堂でセラピストを務めるけんさん（四三歳）だ。けんさんは、とっておきの「武器」を売りにしている一風変わったセラピストだ。けんさんのツイッターのプロフィールには「三枚舌から繰り広げる、舌の魔術師」という言葉が躍る。

その名の通りけんさんの得意技は、クンニリングスである。聞くとその常人離れした舌遣いを求めて、けんさんを指名する女性たちが後を絶たないのだという。けんさんとは何者なのか。けんさんの居住地が名古屋でなおかつコロナ禍だったため、Zoomで取材をさせてもらった。

画面の向こうに現れたけんさんは、とても人懐っこい笑顔で、こちらに手を振っている。けんさんは、見るからに気さくで素朴な感じの男性だ。

「女風って、色々なニーズがあると思うんですが、自分は完全にテクニックを売りにしています。女風の世界はイケメンやかっこいい男は沢山いる。でもぶっちゃけて言うと、本当にテクがある人って少ないと思うんですよ。他のセラピでイケなかったという女性もいらっしゃいます。そういう人が僕のところに来てくれて、イケましたと言ってくれたりする。

僕はイケメンでもないし、背も低いんですよ。一六〇センチしかない。しかもあっちの方は最近だとすっかりED気味でたたないから射精も難しい。四三歳だから若くもない。

でもクンニだけは、絶対に誰にも負けないという自信があるんですよ。女性を喜ばせる一流の技と武器を持っていると自負しています。お客さんは、そんな僕のテクを求めてきてくださる方がほとんどですね」

実際、けんさんの技を体験したお客さんの評判は上々だ。リピーターも多い。そしてその証拠に、けんさんは女性客に様々な名誉ある称号を与えられている。

「神クンニ、ペロリスト、舐め舐め星人、絶叫クンニ、舌ではない舌、舌ルンバ、舌のCTスキャン、女体診断士、唾液妖怪、舌技オリンピック日本代表」

歴代のお客さんたちが、けんさんにおくった愛称だ！　そのネーミングセンスに思わず吹き出しそうになる。女性を性的に喜ばせることを自信満々で話す男性は多い。しかし実際女性の本音を聞くと、その多くが男たちのお粗末な驕りや勘違いに基づくものだと感じる。しかしどうやらけんさんの自信の源は、一般の男性とそれとは一線を画すようだ。

「ちょっと見てみますか？」

そう言って、けんさんは画面越しに舌を突き出してくれた。舌が見事なコの字形にとがっている。見事な三枚舌だ。この三枚舌でクリトリスを包むようにして刺激するそうだが、けんさんの武器はそれだけではないという。

「この三枚舌自体あまりできる人はいないと思いますが、それでクリを包むだけでは弱いんです。ギリギリまで舌をとがらせたり、場合によっては舌を筒状にしたりする。

僕は、舌の太さも思い通りに変化させることができるんです。あと、唾の濃度も変えられるんですよ。唾って普通はサラサラしてるじゃないですか。でも自分はまるでローションみたいにトロトロにして出すことができるんです。わかりやすく言うと、普通のつばと痰を使い分けられるといえばいいのかな。やっぱり女性にとってはトロトロで濃度が高い方が気持ちいいんですよ。だから、うまいと言われるんだと思います」

三枚舌、太さを変えられる舌、自由自在に操れる唾の濃度、この三種の神器がけんさんの武器だ。その舌が作り出す七変化は、まさしく舌の魔術師という称号に相応しいものである。

けんさんはこれらの武器を手に入れるために、鏡の前で日々トレーニングするなどの地道な努力を一〇年以上にわたって続けてきた。女性たちがけんさんに与えた愛称は、そんな長年にわたる血もにじむような研究と努力の結晶なのだ。

テク売りを貫くけんさんだけあって、サービスの形態も独自流だ。NG項目などを聞くカウンセリングまでは通常のセラピストと一緒だが、揉みほぐしなどの行程はたどらないという。

「僕の場合、まずはリップで全身を舐めるんです。ベッドに寝てもらって、背中から舐めていきますね。足の指とか脇の下を舐めるのも好きなんです。ずっと舐めてますね。上から下まで、指先まで。性感帯を探すのも好きなんです。それで大体体がほぐれてきた頃に前を向いてもらって、クンニという流れです。それも、ずっと舐められるんです。舌が痛くなるまで舐めてます。舐めすぎて、首が痛くなりますけど、それでも舐めてますね。

一回イって、それ以上は触らないでという女性の場合は、責めない。でも何回もイケる人であれば、ずっと責めますね。相手が喜んでくれるのが嬉しいし、何よりも舐めるのが好きなので、全然嫌じゃないんですよ」

普通の男性はこんなに舐めてくれない。これまでの人生でこんなにまで舐めてもらったことはなかったー。イキすぎて体がガクガクになってしまった。あんなに濡れると思わなかった。すごく気持ちよかった。それがけんさんのテクを経験した女性たちの感想だ。

†テクニックでなく愛が大切

けんさんの常連のほとんどが四十代以上の人妻だ。会社勤めでポジションも安定し、お金もそこそこ自由になり、子どももある程度手がかからなくなる年齢である。彼女たちは、パートナーはいるが、イったことがない、舐めてもらえない、そんな不満を抱えてけんさんのもとにたどり着く。

夫婦生活を聞くと、夫とはセックスレスだったり、極端に回数が少なかったりといった悩みを日常的に抱えているという。家族もいるし浮気をする気はないが、性欲は満たしたい。そんな切実な願望を抱えた女性たちが後を絶たないのだ。その多くが夫婦関係でも性的なコミュニケーションがないのだという。彼女たちはけんさんの秀逸なテクによって、これまで閉ざされていた扉をゆうゆうと開いていく。

「例えばとても真面目な方で、これまでセックスにおいて旦那さんしか知らなかったから、感度が極端に低くなっている人もけっこういらっしゃるんですよ。僕のお客さんの場合、性欲解消のためにスポーツ感覚で、女風を楽しんでいるお客さんが多いんです。たくさん舐めてもらって、ああ気持ちよかった、さあ帰ろう、みたいな感じですね（笑）」

テクに関しては百戦錬磨のけんさんにとって、女性がイクための要素として必要なものはなんだろうか。聞くと意外な答えが返ってきた。

「最後はやっぱり愛だと思うんです。確かに、性感を開発するのに技術は必要だと思います。だけど、そこには相手への愛がないと無理だと思うんです。ここがよいとかこっちはあまりよくないとか、お互いの体を勉強するという姿勢ですね。話し合いってとても大事なんですよ。やっぱり、ちゃんと人間としてしっかりコミュニケーションを取るのが大事だと思います」

コミュニケーションは人間関係の基本だが、それが特に性的なことに関しては、男女ともにあまりにも欠けているのではとけんさんは感じている。けんさんは、女性たちが快楽に目覚めることに無償の喜びを感じている。しかし彼が理想とするのはその一歩先だという。女風を利用することで女性たちが性的にも成熟し、リアルなパートナーとの関係へ還元される関係が最も望ましいと言うのだ。

「本来は、夫婦関係で満たされるのが一番いいと思うんです。でも現実はそうはなれないから自分たちの仕事があるんですよね。女性がイけないのはパートナーさんのテクが未熟だったり、単にご本人が快感に慣れていなかったり、様々な理由がある。でも性的な感度ってトレーニングで上がるんですよ。

僕に開発された女性が、イキ癖がつく可能性は高いと思います。そういう意味で、僕は女性の感度を上げるお手伝いはできる。女性たちがイケる身体を手に入れた後、パートナーさんたちと満足のいく関係が築けるという形が一番いいと思っているんですよ」

なるほど、と思う。これだけ女風が流行る背景の一部にあるのは、女たちのリアルな男たちへの諦めがあるのは紛れもない事実だ。セラピストも資本主義経済の中で需要と供給のバランスの中に身を置いている。

それでもけんさんは、女性たちが社会にリリースされた後のことに思いを馳せる。そして、女性たちが自分たちから卒業することが理想なのだと考えている。けんさんは女性たちが本気で好きだからこそ、その幸せを心から願っているのではないか、そう感じずにはいられなかった。

その願いの実現は、日本の男性たちが女性たちとどう向き合うかにかかっている。男たちが、女性たちの欲望を受け止めるちゃんとした受け皿になってほしい。それは数え切れないほどの女性たちの欲望と向き合ってきた「舌の魔術師」が、日本の男性たちに切に願うことなのだった。

(2) 兼業セラピストのタカシさん(三〇歳)

十年前、"男娼"をやっていた

次に登場してもらうのは、都内の女風店にセラピストとして勤務し始めて今年で二年目というタカシさん(仮名・三〇歳)だ。入れ替わりの激しいこの業界で二年と言えば、ベテランセラピストの部類だ。

清潔感溢れるクールなイケメン——それがタカシさんの第一印象だった。塩系と呼ばれる薄い顔立ちに白シャツ、そして黒髪のウェーブヘアのタカシさんは、礼儀正しそうな好青年といったたたいで立ちだ。

女性用風俗のセラピストの働き方は、二種類に分かれる。セラピストを本業としてまさに食い扶持としている人、そして本業は別に持ちつつ副業としてやっている人である。美容師や一部上場企業のサラリーマンなど、彼らの職種は多岐にわたる。最近だとセラピスト一本よりも、こういった兼業セラピストが増えてきているのだ。一般企業で働くなど昼職を持つ彼らは、通常の社会常識を持ち合わせている。ホストなどと違い、いわば、普通の人に近いのだ。そのため、あえて社会経験のある兼業セラピストを指名する女性たちも多い。

タカシさんもその兼業セラピストの一人で、エンタメ系企業の営業職に就いているサラリーマンだ。タカシさんは土日や平日の夜などの隙間時間に女性用風俗で働き、多い時で月三〇件ほどの予約が入る。

聞くと、タカシさんは女性用風俗の経験はそのお店が初めてではないのだそうだ。今から一〇年ほど前に女風に勤めた経験を持つ、いわば出戻り組だ。当時、タカシさんの所属するお店では、従業員のことを〝男娼〟と呼んでいたという。

「実は学生時代、当時付き合っていた彼女の借金の連帯保証人となってしまったんです。それで、数百万の借金を背負ってしまった。その返済のために男娼として働くことにしました。短期で高額を稼ぐには、身体を売ることが手っ取り早かったですね。

男娼をやってみて、性の世界の面白さに目覚めていきました。僕が働いていたのは会員制のお店なのですが、お相手するお客さんの性別もボーダーレスだったんです。女性だけでなく、時には男性のお相手をしたこともありますよ。男性の相手は最初こそは嫌でしたけど、徐々に抵抗感はなくなりました。僕自身は女性が好きなんですけどね」

タカシさんはそう言うと笑いかけた。タカシさんは、どこか飄々とした雰囲気の持ち主だ。だから思わず目を丸くするような話の内容なのに話し方がラフで自然体なので、ついつい構えずに色々と聞けてしまう。その脱力した話しぶりが女性に人気なのだろうと感じた。

タカシさんは〝男娼〟として、数え切れないほどの女性経験（たまには男性も）を重ねた。そして大学を卒業する頃には無事借金を返済。大学卒業後は、一般企業に就職した。

その後、普通のレールに戻るのかと思いきや、学生の頃の強烈な体験もあってか、社会人になってからも性的なこと全般への興味は止まなかった。そのため、毎夜セックスのための夜遊びに繰り出した。ハプニングバーの常連となり、カップル喫茶や乱交パーティの場にもよく顔を出すようになる。

タカシさんは持ち前のルックスと、女性の扱いのうまさで、夜の世界でも人気だった。

タカシさんが女性用風俗の世界に戻ろうと思ったのは、二〇一九年のことだ。行きつけのハプニングバーで、最近女性用風俗がアツいという話を耳に挟んだ。

「その時そういや僕、昔に働いていたことがあったなって学生時代のことを思い出したんです。それで、女風って今、流行ってるんだって知って、どんな感じになっているのだろう、昔とどう違うのかなって興味が湧いたんですよね。すぐにスマホで探したお店の面接を受け、再びセラピストをやってみることにしました」

†一〇年前と全く違った客層

一〇年ぶりに足を踏み入れた女性用風俗は、驚くことが多かった。会員制でクローズドだったかつての雰囲気とは打って変わってより大衆的になり、一般人に向かって門戸を開いていた。まず驚いたのは、その客層の変化だ。

一〇年前のユーザーは、有閑マダムや経営者の女性など経済的にも豊かで、あくまで限られた人だけの愉しみだった。それが今や、学生から地下アイドル、そして会社員、主婦などありとあらゆる階層の女性たちが顧客となっていたのだ。

低価格化は、女性用風俗の門戸を広げた。タカシさんがかつて男娼をやっていた時、一回の費用は五万近くだった。しかしその価格は下落し、半額以下が相場となっている。今では学生や普通の企業で働く会社員の女性にも、手に届きやすい金額となっている。

そして、近年の特徴として、明らかに性欲の解消目的で利用する女性が増えたというのも大きな違いだったという。

「最近の傾向として特に感じるのは、一般人で性欲を満たしたいという目的がすごく多いということです。あと、心を満たしたいという人も多い。その二つ、つまり寂しさと性欲がごっちゃになって、とりあえず来てみましたという感じですね。一〇年前だったら、エッチなことよりも買い物をしたりご飯を食べたり、一緒にいる時間に重きを置いている精神的にも余裕がある人の方が多かった。

でも今の女性たちは性欲をガンガンぶつけてくる。ただ、彼女たちが男性経験豊富かといえばそうではないんです。むしろ、性的な経験値が低い人が多い。エッチなことに興味はあるけど自分に自信がないとか、積極的になれないとかそういう方ですね。現実社会の男ではなく、女風の中でセラピストを回避しているというパターンもよくあります」

つまり女性用風俗での経験は豊富だが、セラピスト以外の男性との経験がない、素人童貞ならぬ、素人処女のような女性たちも増えているのだという。

女性用風俗は一般化し、誰でも気軽に「買える」ようになった。そして女性たちは、昔よりもより切実に性欲や心の寂しさを抱え、そのはけ口を欲している――。

それが、一〇年ぶりにこの世界に戻ってきたタカシさんの実感だ。タカシさんはセラピストとして、そんな女性たちの要求に応えることを天職のように感じたという。

昔から女性を性的に喜ばせ、その姿を見るのが好きだった。確かにタカシさんが女性の欲望に関しての話をしているときは、とても楽しそうで生き生きしてみえる。その理由について尋ねると、それは自分が極度の遅漏だからなんですと、特に隠す様子もなく淡々とした口調で語ってくれた。

「僕自身、性的には遅漏ということもあって、あまりエッチで射精をしないんですよね。早漏で出して性欲を満たせればそれでいいという人だったら、別に相手がどんなにつまらなさそうにしてようが、相手の穴さえあればいいと言うかもしれない。

だけど、遅漏でエッチを楽しもうと思ったら相手がつまらなそうにしているとつらい。自分が楽しむためには、相手に喜んでもらわなければいけない。そのために、相手が求めるものを全力でやってあげたいんです。だから殴ってくださいと言われれば、希望通り平手で殴ります（笑）。僕が女性の要求に応えて、相手が喜んでくれることが自分の性的欲求に繋がるからだと思います」

タカシさんは、自分の射精にはあまり興味がない。自分がイクことよりも女性が喜ぶ姿を見ているほうが興奮するし、女性の体を開発するという性的探究心もある。だから、女風の世界へ再び戻ってくるのも自然なことだったという。

女風には、性的な悩みを抱えている女性が多い。そんな女性に対して、タカシさんは相手の心と体に耳を澄まし、欲望の形によって変幻自在に姿を変える。ラブラブなセックスがしたいと言われれば、そんなムードを作るし、後ろからしてほしいと望んでいればそうするし、逆に自分のアナルを犯されることもある。

ある意味、進んで女性たちの欲望のおもちゃになれる。自分が操っているようで、実は相手の欲望のままに動くのだ。相手の喜びに応じ尽くすことが、自分にとって極上の喜び。「だから自分の本質は、根っからのM気質なんです」、タカシさんは自らの性癖をそう分析する。

話を聞いていると、タカシさんはまるで軟体動物のようだと感じる。自分の欲望は二の次で、相手の欲望の形を素早くキャッチし、それに合わせて自らの体の大きさも形も柔軟に変える。

一般的な男性と全く違って、タカシさん自身がまさに女性の欲望を映し出す合わせ鏡としての役割を果たしている。だからこそ、タカシさんは女性たちに絶大な人気を誇るのだろう。

†女性たちは、タカシさんに何を求めているのか

ではそんな変幻自在のタカシさんに、女性たちが求めるものとはなんなのだろうか。それを尋ねると、男性からサディスティックなことをされたいという需要が一番多いとタカシさんは答える。

「これまでの経験から、女性は圧倒的にMの人が多いと感じるんです。男性を攻めたいという人はほとんどいない。僕は別にSキャラを売りにしてるわけではないんですけど、バチボコといって、バンバン強めに犯してほしいという欲望を持ったお客さんがたくさんくるんです。最近だと女性たちのそんな欲望に応えることが多いですね。

お店のサイトに、お客さんの感想欄があるんです。お客さんはそこを読んでくるから、このセラピストはこんなことをしてくれるということを把握している。その中でもバチボコプレイをされてよかったという書き込みには特に反応が多くて、私も同じことをされたいと言って、また別のお客さんがくる。とにかくM的な願望を抱えている人ばかりですね。

女性はめちゃくちゃにされたいという願望はあるけど、なかなかそれがパートナーとか彼氏には言えなかったりする。でも、女風だとそのハードルが下がるんだと思いますよ」

このセラピストにあんなことをしてもらった、激しく犯してもらった。すごく気持ちよかった。噂はネットの口コミで女性たちの間で瞬く間に広がる。そしてタカシさんの元には、そんなM的な欲望を抱えた女性たちが鼠算式に見えない列をなす。射精のタイミングにとらわれることもなく、ひたすら欲望に呼応してくれるタカシさんが女性たちを魅了するのも頷ける。

M的な性癖のタカシさんが、女性のためにSキャラに没頭する。それは一見倒錯しているようだが、実はそこには女性に尽くしたいという究極のMの形があるのではないだろうか。

†セックスが嫌いではなくて挿入が嫌い

女性たちと接するうえで、タカシさんが気をつけていることは何だろうか。聞くと、それは男女のコミュニケーションの上でとても基本的なことだという。根気よく話をするのだ。女性がどんな欲望や悩みを抱えているのか、それを打ち明けてもらうことが何よりも大切なのだという。

　あまりに話を聞きすぎるため、カウンセリングだけで時間が過ぎ、あっという間にタイムオーバーになってしまうことがある。そのため本来はNG行為だが、既定の時間が過ぎても自分と相手の時間が許す限り相手の話に耳を傾けてから、性感へ入るのがタカシさん流だ。

　例えば、セックスが嫌いだったり苦手意識を持っていたりする女性は意外に多い。しかし、タカシさんはセックスの何が嫌なのか、具体的な内容へと触れることでその一歩先へと歩みを進め、解決策を探っていく。

「セックスが嫌いという女性によくよく聞いてみると、挿入が嫌いと言ってるだけのことが多いんです。多くの男性は勘違いしがちなのですが、女性からすればデートの瞬間から、前戯に入っている。そして、通常私たちが前戯だととらえているものも十分セックスの一部だと言える。ただその表現が難しいから、漠然とセックスが嫌いという言葉になる。それで男性から遠のいてしまう。

　そもそも僕は、挿入だけがセックスだと捉えてはいないんです。挿入がないセックスもあっていいし、もっと自由であるべきだし、たとえ挿入しなくてもゆっくりことを進めていけばいいと思うんです」

確かに、性には無数のバリエーションがある。セックス＝必ずしも挿入ではない。しかし多くの女性たちにとって、これまで挿入ありきのセックスしか経験がないので、セックス＝苦痛の代名詞のイメージから逃れられない。そんな性の固定観念から解放させ、全く別の世界へと誘うのが、セラピストの腕の見せ所で、タカシさんの得意とするところである。

ただでさえ、女性は初めて会う時にはとかく緊張した状態でやってくる。相手はいくらセラピストとはいえ見ず知らずの他人で、しかも男性で場所は密室ときている。そんなシチュエーションで緊張しないわけがない。

張り詰めた状態から、いかに女性を心身ともにリラックスした状態へ持っていくか。性的なガードを限りなく低くさせ、これまで女性自身を縛ってきた枷から解き放たせるのか。無防備な心を許せる状態を作り出せるかが、肝になる。それには相手との徹底した対話はもちろんのこと、セラピスト側の自己開示や経験値がものをいう。そのため、タカシさんは自分が男娼として働いていた過去を包み隠さず話すこともある。

「自分がしたいことを伝えることが恥ずかしいの？　おれも実は過去に今のお仕事とは別

に男娼として働いていたことがあってさ、そのときは男性に挿れられることもあったり、殴ることが性癖のお客さんもいたり、何でもアリだったんだよ。

そうやって色んな人の性癖を見て来たからあなたがどんな経験をしてたとしても、どんなプレイを望んでいたとしても絶対に引かないしできる限り叶えてあげたい。だから何でも話してみてよ。この一緒にいる時間は何でも言っていいんだよ――」

そんな話をすると、緊張気味だった女性もにっこり笑って胸をなでおろしたような表情をする。ああこの人なら、大丈夫なんだとホッとするのだろう。タカシさんの言葉を皮切りにして、女性たちはまるで氷が溶けたかのように、秘めた欲望をするすると口にするようになるのだ。

そうやってタカシさんは女性を落ち着かせ緊張をほぐし、性的欲望を引き出していく。話している段階が前戯だと思えば、もっとセックスは楽しくなる。それが長年女性たちと向き合ってきたタカシさんの実感だ。

†女性たちから学んだこと

タカシさんは、これまでに体を重ねた名前も知らない無数の女性たちから様々なことを学んだという。

ハプニングバーでは、基本的にお互いの連絡先を交換してはいけないというルールがある。だから相手の社会的地位や属性には触れることもない。世間の常識や価値観とは離れたところにある、ただ欲望だけが純化された性の解放区。だからこそ、人々はゆきずりの相手に思い思いの性欲をぶつけることができる。名前のない通りすがりの存在だからこそ見せられる、むきだしの欲望がある。

また、タカシさんが愛してやまない性の世界には、実世界では満たされない性的欲望を抱えた人がやってくる。セックスを他人に見られたいというアブノーマルな願いを持つ夫婦、彼女を寝取られたいという願望を持つカップル、3Pがしたいという女性、他人の行為を見たいという男性――。そんな性のリアルを数え切れないほどに経験し、人々の抱える様々な欲望の形を知ることが、タカシさんの学びのフィードバックとなっている。

女風で稼いだお金を握り、翌日ハプニングバーに行ってそのお金を使って、複数の女性と交わる。それが今のタカシさんの性のライフスタイルだ。タカシさんにとって女性とのセックスの喜びは、ハプニングバーにおいても女風でのセラピストという役割においても変わらない。

そこは、日々新たな発見と喜びに満ちているという。だからどんな場においても、女性を選り好みすることはない。

「ハプニングバーに行くと、「お前はどんな女性とでもセックスするんだな」と常連さんによく言われるんです。僕はそのぐらい人を選ばないんですよ。人は見た目だけでは判断できないんですよね。蓋を開けたらめちゃ楽しいこともある。箱の中はなんじゃろなというわくわく感があるんです。女風のお客さんも一緒ですね。

数日間お風呂に入ってなさそうだったり、すごく太ったりというお客さんもくる。でも、一瞬でも女性とセックスで心が交わる時間が、好きなんです。日常のしがらみから離れたところにあるセックスの形が、僕には向いているんでしょうね」

ハプニングバーをタカシさんが訪れると、すぐに彼の周りを女性たちが取り囲む。それは、女性たちが一種の動物的勘に長けているからだと言えるのではないだろうか。自分の欲望を晒してもいい相手、心を許せる相手、そして、それに応えてくれる相手を女性は敏感に見抜く。そして、そんな男性はタカシさんが言う通り残念ながら少数派で、圧倒的に少ないのだ――。だから、ハプニングバーでも、女風でも、女性たちが殺到する。

「女性たちの抱える悩みは、本当に根深いと思う。そもそも男性経験が少ないという人もいますが、セックスの経験はあるけどいい思い出がないという人もけっこういる。痛かったとか、うまい男性に会ったことがないとか、とにかくエッチが気持ちいいと思ったことがない女性が多いのです。

あと、それを言われたところで対応してくれる男性がそもそも少ないという問題があるんです。女性の欲望に対応できる引き出しを持っている男性が圧倒的にいないのが現実だと思うんです。これは由々しき事態だと思いますね」

そう言ってタカシさんは、愁いを帯びた目でしっかりと私を見つめる。その嘆きは、これまでの取材で私が女性たちと話していて常々に感じていることと全く同じだった。

数々の女性経験を経たタカシさんだが、同性である男性に時々怒りを覚えることがあるという。性的なことにおいて圧倒的に男の能力不足であるにもかかわらず、男たちはあの女はよくなかった、フェラが下手だなどと、男同士で陰口を叩く。そんな男たちの傲慢な態度を見るにつけ、悲しくなり日々うんざりさせられるのだという。

「これだけイケない女性が多いのは、一〇〇％男の責任なんですよ。これって日本の大問題だと思いますけどね。セックスって性質上、女の人は受け身にならざるをえない。そういう構造なんだから、男の人がコントロールしないと楽しくなるわけがない。女の人が一人で楽しくしようとしても限界があるんです。

だけど、今の男たちは女性たちのせいにしていることが多いように思うんです。船が沈むのは、船のせいじゃない。自分たちが舵を持っているのに、その自覚がないのが問題なんです。それなのに操縦をミスって結果船を沈めてしまい、しまいには船のせいにしている。それはないだろうと、世の男たちに言いたいですよね」

タカシさんは一呼吸置くと、少し遠くを見つめる。男たちへの静かな憤りとあきらめにも似た感情が伝わってくる。これまでの取材において、ずっと一貫して優しい話しぶりを変えなかったタカシさんだが、この場面においてのみ口調がやや強くなったのが、やけに印象に残った。

タカシさんはしばらくすると、再び優しい表情へと戻った。

もし、タカシさんが多くの女性の欲望を映し出す鏡なのだとしたら――、きっとその憤りは、タカシさんを通り過ぎていった無数の女性たちの声なき声なのではないだろうか。

ふと、そう感じて、頭を抱える私がいた。

（3）塾経営者がセラピストになったわけ——ミサキさん（三二歳）

ミサキさん（三二歳）は女風店舗「ヒメゴト」に所属して、三年目になる。ミサキさんの本業は、進学塾の経営者だ。その空き時間にセラピストとして活動している。ミサキさんはSMプレイを売りにしている一風変わったセラピストだ。黒く長いウェーブの髪の毛から覗く精悍な顔と、その瞳に宿るアンニュイな陰。そんな独特の清涼感と危うさを兼ね備えたイメージの男性である。

†嘘のない世界を見たい

ミサキさんがこの世界に足を踏み入れたのは、中学生の時に左手が動かなくなったことがきっかけだった。一六歳の時に病院で筋ジストロフィーと診断され、余命宣告を受けた。三〇歳にもならないうちに、自分は命を失う——。そんな信じられないような現実が、突然自分の身に降りかかったのだ。それはのちに誤診であることが判明するのだが、その頃から強く「死」を意識するようになった。自分の人生は長くない。それだったら残された人生を好きなように生きたい。そう思うようになった。

小さい頃から人一倍勉強はできた。だからミサキさんは「死」を意識する経験がなかったら、そのままエリート街道を進んでいたはずだった。競争社会で勝ち抜くことに快感を覚えていたし、他人を蹴落すことも何とも思わず、むしろそれを望んでいた。だから、ひょっとしたら大学を卒業後、一部上場企業に就職し結婚するという人生を送っていたかもしれない。

しかし身近に迫り来る死と向き合う経験を経て、ミサキさんは、これまで何の疑いも抱いていなかった自分の人生を見つめなおした。

残り少ない自分の人生の中で、本当に自分がしたいことってなんだろう。それを突き詰めて考えた結果、「嘘のない世界で生きたい」という結論にたどり着いた。世の中、本音と建て前でできていて、世間の人たちはペラペラの表層だけで生きている。だが、自分はそんな嘘に塗り固められていないピュアな世界に身を置きたい。そんな思いがだんだん強くなり、エリートとしての人生をドロップアウトすることにした。

これまでの人生で、最愛の人を自死で失ったり、離婚をしたりしてどん底を知った。とことん堕ちるところまで堕ちてみたいと思った。そんな数々の苦難を味わったこともこの世界に入る動機となったという。

人間が、性的快楽を追求したいという欲望には嘘がない。とりわけSMは、甘え合ったりするだけの恋愛ごっこと違い、性愛の究極の形のようにに思えた。身体中を貫く痛みが嬉しくて流す涙には嘘がない――。

社会人となり、表の社会ではやがて塾を経営し、教鞭をとる立場になったが、同時にSMの世界にも傾倒し始めた。塾長として生徒たちの前に立つ傍ら、その裏の顔として、大塚のSMバーで働くようになった。そこには美しき獣たちが集う愛の園が広がっていた。

SMバーでは、女性たちがあられもない姿でM性をむき出しにする。

人が人でなくなる瞬間を垣間見て、そこに真実を見つけた気がした。人であることをかなぐり捨て、狂気と見紛うばかりに苦痛と快楽の狭間を行き来し、気持ちよくなりたいというただその一心で溺れている男女――。

確かにその人たちが持っている欲望は本物で、嘘偽りが介在する余地はない。普通だったら恥ずかしくて人前では言えない欲望が、ブレーキの壊れた車のように疾走する――。

ミサキさんは、あられもない媚態を無防備に垣間見せてくれる女性たちをとてつもなく愛おしく感じるようになった。そんな矢先、たまたまゴールデン街で飲んでいた時に、女風関係者の男性に声をかけられ、女風の世界に飛び込むことになったのだ。

最初のお客さんはよく覚えている。生粋のマゾヒストでお店の常連だった。ミサキさんがこれまでに経験したＳＭプレイを実践すると、女性はすぐにその世界観にハマって恍惚とした。

女性は、プレイが一通り終わると「あなたは売れますよ」と言ってくれた。手ごたえを感じた。女風の世界において、本格的な縛りなどのＳＭプレイができるセラピストはまだまだ少ないが、女性たちの関心は高い。そんなこともあって女性の予言通り、ミサキさんは売れっ子になった。

それ以来ミサキさんはこの世界の魅力にとり憑かれ、塾経営者とセラピストというまるでジキルとハイドを地で行くような多忙な日々を送っている。塾講師として夕方から夜間に働き、平日の昼間などの空いた時間をセラピストとしての仕事に充てている。ミサキさんのもとには、縛られたい、いじめられたいというＭ願望を抱えた女性たちが殺到する。

ミサキさんが一日に返すツイッターのＤＭは、約二〇通。とはいえ、返信した女性たち全員が実際に予約につながるお客さんになるわけではない。費用対効果で考えれば、明らかに割に合わないのが実情だ。

さらにミサキさんは平均して週に四日ほど予約が入るが、泊りの予約ともなると丸々一日がセラピストとしての仕事に費やされることになる。泊りでは一晩ほぼ寝られないため、徹夜のまま翌日塾の講義を行うこともあり、精神的にも肉体的にもくたくたになることもしばしばあるという。

「一日二〇通来るDMに返事をするだけで、結構時間が取られるし、大変なんです。メールを返した全員がお客さんに結びつくわけでもない。一種の自傷行為みたいなものかもしれません」

ミサキさんはそう言って笑う。それでもこの二足のわらじの生活をやめようと思ったことは一度もない。女性の欲望を共に開拓し、追求し、そして解放まで持っていく。それこそが、自らの役割だと感じているからだ。

——その快楽は、間違いなくあなたがしたいこと。言っちゃえば、あなたが生まれてきた理由の一つといってもいいかもしれない。そこに力を貸したい。

ミサキさんは、どんなに多忙でもそんな揺るぎない思いのもと、女性たちと向き合っている。

†信頼関係が不可欠のSMプレイ

ミサキさんは、SMプレイを売りにしたセラピストだ。そのため、揉みほぐしが主体の一般的な女風のサービスとは全く違った流れを辿る。まずは素の状態で現れた女性をいわゆる主従関係、ご主人様と奴隷という世界観の中に没入させる必要があるのだ。その世界観の構築は、とてつもなく難しいもので、まずはお互いの信頼関係が不可欠だという。

初回のお客さんには、これまでどんな願望を持っていたかを聞いてから、プランを組み立てて様子を見ながら攻め方を考えていく。常連客だと、例えばアイテムがその世界観への没入のきっかけになることが多い。

「常連さんの場合だと、首輪をつけた瞬間からそのスイッチが入ることもあります。その時から、俺と女性とは、対等な関係ではなくなる。例えば、それでソファーに座ったまま全裸にならせて、その場でオナニーをさせたりします。クリトリスや乳首にクリップをつけ、性器の周りをフェザータッチで優しくひっかいたりして、攻めていくんです」

性器をすぐに攻めないのもポイントだ。あくまで余裕をもってじらして、「ください」

のポーズへと仕向ける。この段階で、中には膝をガクガクさせてその場でイってしまう女性もいる。そうしたらお仕置きが待っている。首輪をぐいと引っ張ったり、お尻を叩いたりして、女性のボルテージを上げていく。世界観の演出には、巧みな言葉使いも欠かせない。

髪の毛を摑んで、「恥ずかしい顔してんな」とか「みっともない顔して恥ずかしくないの」と羞恥心をあおる。それから四つん這いなどの格好にあえてさせて、鞭で打ったり、縄で縛ったりする。

誰しも攻められるだけではげんなりするし、疲れてくる。そのため、ＳＭプレイにおいては飴と鞭の使い分けも必要になってくる。そんなときは小休止を入れて、イチャイチャタイムに移行するのだという。

「鞭で叩いたり、ろうそくを垂らしたりしたら普通に痛いんですよ。だから、こっちにおいでと言って、呼び寄せたりして小休止を入れます。ソファーの上に座らせて、頑張ったね、よしよしと撫でてあげる。犬に待てとか、お座りとかずっとさせた後に「こっちおいで、よくできたね」という態度と一緒です。恋人同士のイチャイチャに近づく瞬間もある。ただ恋人同士のようなプレイと根本的に違うのは、自分の側がその後に段々サドに戻っていくことです。

言葉で攻めたり、時には髪の毛をひっぱったりもする。女性が「ごめんなさい」と謝って、また違う攻めのバリエーションが始まる感じです」

†人間やめたくないですか

ミサキさんが日々感じるのは、女性たちの圧倒的な生きづらさだ。

ミサキさんのもとに性欲解消の目的だけで来る女性は、わずか一割に過ぎない。残りのほとんどが、性欲だけではなく、何らかの苦しみを抱えていて、いわばその解放のためにSMプレイを求めるのだ。

親からの虐待のトラウマや性的に満たされない日常など、女性たちの苦しみはあまりにも多様で深い。

ミサキさんはSMという手段を通じて、そんな切実な女性たちの満たされぬ思いと向き合っているが、生きづらさから自由になる方法として、我をも忘れるような苦痛と快楽を求める女性たちが後を絶たないという。

「僕のもとに来るのは、人間をやめたいという人たちです。人ではない存在に堕ちたいという女性たち。純粋に性欲だけの目的で来てくれれば、ある意味、俺も救われるんです。でも、ほとんどがそうじゃない。ポジティブな理由で来る人はほとんどいない。いじめてほしい、いじめられることですっきりしたい、頭が真っ白になりたいという女性たちなんですよ。それほど、この社会が辛くてしんどいんだと思います。でもよく考えてみてください。この社会を生きてきて、人生楽勝だぜって奴って、なかなかいない気がするんですよ」

ある二〇代の女性は、親から長年にわたって虐待を受けてきた。小さい頃からネグレクトされて育ち、ご飯もまともに食べさせてもらったことがなかった。親が一〇〇〇万円近い借金を作り、その借金を返済するために長年風俗で働いている。今も睡眠薬を大量に飲まないと、夜眠ることができない。しかし男性の精液を受け止め続ける日々に、身も心も限界を迎え、ミサキさんのもとを訪れた。その女性はミサキさんとのSMプレイで自我が壊れ、そのわずかな瞬間だけは、人であることから自由になった。

「SMのいいところは、全部忘れられるところなんです。その世界に浸かっている間だけは人間をやめていられる。本当に動物になっていられるんですよ。首輪をつけて恥ずかしいことさせて、縛って、叩いたり、蹴ったり、鞭打ったりして、上手にできたら褒めて、本当に犬になってもらう。その先には、一瞬の解放があるんです」

何もかもを忘れて、めちゃくちゃになりたい――。女性たちが望み通り解放された瞬間、女性がイク姿を見るのが何よりも性的に興奮するという。

ミサキさんは、女性たちの欲望を一身に受け止めているが、その現代女性たちが抱える苦悩は、計り知れない。確かに多くの人がこの社会に対して、生きづらさを感じている。そしてミサキさんのSMプレイによって脱力し、女性たちは束の間、弛緩し解き放たれる。逆説的だが、SMには極限にまで苦しむことによって得られる享楽があり、救いがあるという不思議な効用がある。

「売春は、最古の職業と言われているでしょ。男が女を買う。でも、女風は真逆の世界。こんな世界、おかしいと思いませんか。本当だったら誰もが無償の愛がほしいはず。それなのにお金を払ってでも、女性たちは取引や偽りの愛や思いやりがほしいんですよ。そこには必ず何かがあるんです」

誰もが心の空洞を抱えている。そして、本当は無償の愛を求めている。それが得られないから、お金を払ってでも、条件付きの愛や、ぶっ飛ぶような快楽と苦痛を求める。人であることの苦しみから逃れたい――。

ミサキさんは、そんな社会のいびつさを常に感じている。そして、進んで生きづらさを打ち明ける女性たちの多さを憂いて、そのような女性たちの受け皿になれたらと考えている。ミサキさんの言葉からはSMという手段を通じて、女性たちを縛って離さない「何か」から、一瞬でも解き放ちたいという純粋な思いが伝わってくる。

「その「何か」は、個々人によって違うと思う。だけど、逆に言えばこの人には何かあるから、僕の門を叩いたとも言える。それがわかっている時点で僕は女性に優しくなれるんですよ。ある意味、彼女たちは闇に追いやられた人たちとも言えるでしょう。だけど、闇っていえば、この人間社会全部が闇で覆われていると言えませんか」

ミサキさんは、まっすぐな眼差しを私に向け、そう問いかける。思わず言葉が詰まってしまう。そして静かな口調で、言葉を継いだ。

「抑圧を性的なものと結び付けられている人たちっていうのは、むしろ幸運なんじゃないかなと感じるんです。中には結び付けられない人もいる。本当は抑圧をディズニーに遊びに行ったり、観覧車に乗ったり夜景を見たりとかで発散できた方が楽なのかもしれない。だけど、人間はもっと欲深くて不純ですから」

ミサキさんは、そんな欲望を隠すことなく露わにする女性たちが、心の底から愛おしいのだという。

「僕にとっては、不純ゆえの汚らわしさが逆にかわいいんです。めちゃくちゃかわいいですよ。僕の前では、涎を垂れ流したり、感じすぎたりして、アヘアヘした顔を見せてくれる。そこには何も嘘がない。嘘がないのは、とてもかわいい。そんな恥ずかしいことをしたいって欲望を僕に見せてくれるって、めちゃくちゃかわいくないですか」

そう言ってミサキさんは、笑みを浮かべた。それはこれまでの取材で私が感じてきたことと重なる。女性用風俗の利用者の女性たちはどんな形であれ、自分の欲望と興味に忠実で真っ正面から対峙していた。彼女たちはそんな自分の心の内を全く隠すことなく、オープンに私に語ってくれた。

†「嘘のない世界」に身を置いている女性たち

私も、女風の利用者の女性たちを取材していて、ある共通点があることに気づいた。彼女たちは、誰もが羨むような豊かな感受性と美しさを持ち合わせていた。彼女たちには、時には刹那的な危うさや無防備さを感じるときもあった。それでも自分の内側から湧き上がってくる純粋な衝動に真っ向から向き合う女性たちは皆どこか突き抜けていて、輝いて見えた。

きっとそれは、彼女たちがミサキさんのいう「嘘のない世界」に身を置いているからなのだろう。そして、そうすることを自ら選んだ人たちだからなのだろう。

ミサキさん自身はというと、そんな女性たちとは真逆で、人前で自分を解放することが苦手だ。だからこそ、快楽に溺れる女性たちを見るのが何よりも嬉しいのだという。

女性の願望に真摯に耳を傾け、本当に女性が喜ぶことだけをする。女性たちはもちろんだが、そんな女性たちに対峙するミサキさんのような男性たちも、同じく独特のオーラをまとっていた。

「女性が〝鳴いてる〟のを見るのが好きなんです。鳴くというのは涙を流さなくても、喘ぎ声でもいい。ワンワン鳴いてもいいし、気持ちが良くなってギャーギャー騒いでもいい。相手が満足していないと、いい声で鳴いてくれないじゃないですか。いい声で鳴かせようと思うから、相手のことを考えるようになる。それが自分の満足にもつながる。すごくきれいな人でも、全然鳴かないと、悲しくなるんです。

だから女性が鳴かないときは、自分の力のなさを反省するんですよ。女性から解放していい相手だと思われてないっていうことでしょ。自分の前では人間をやめろと言ってるのに、人間をやめられてないじゃないですか。全裸になっても、人間をやめられない。そこを解き放つのが僕のお仕事なのに。この人なら、全部受け入れてもらえると信じてもらうことが大事だから」

　ある女性は、汗まみれでドロドロになってプレイしたいという願望をミサキさんに打ち明けた。そこでラブホテルに二人きりで籠り、エアコンの温度をマックスまで上げてプレイに臨んだ。ミサキさんは作務衣を着て文字通り、汗まみれで女性と同じ時を過ごした。意識がもうろうとするような、汗と愛液が交じり合ったグチャグチャの世界――。

　そのホテルの一室の時間と空間だけが、その他のすべてと切り離され、漆黒の宇宙に二人だけが存在しているようだった。女性は、その世界で雄叫びを上げ、ひたすらイキ続けた。

　経験が少ない女性ほど、実は深い性的妄想を抱えていることが多いという。抑制に抑制を重ねて引っ張ったゴムの反発力は強いというわけだ。女性たちの飽くなき性的探求心に力添えをするのが自分の仕事だと、ミサキさんは語る。

　そうやって人が人でなくなることで解放される瞬間が、何よりも自分の喜びなのだとミサキさんは言う。そんな女性たちの姿にシンクロすることで、ミサキさん自身も「何か」

から解き放たれ、自由になれるのかもしれない。そう感じている私がいた。

女性たちには、いつかこの世界を「卒業」してもらいたい

嬉しかったことがある。あるお客さんに彼氏ができて、ミサキさんのもとを去っていったことだ。その女性は、最初は自信がなくて、「自分なんて」という言葉が口癖だった。しかし、ミサキさんと会うようになって、徐々に表情が明るくなっていった。「君ってかわいいと思うけどね」。ミサキさんは女性と会うたびに、ずっとそう言って励まし続けた。

そうしてしばらくすると、女性から「実は気になる人がいるんだ」と打ち明けられるようになった。女性は目を輝かせながら、街コンで知り合った男性と水族館でデートしたことをミサキさんに話した。その後、女性はその男性と結婚が決まったことを報告してくれた。

女性はミサキさんのもとを無事、「卒業」していった。女性はその後、性感コースを利用することがなくなった。今では通話コースで、時たま雑談をするような仲だ。話の内容は、いつしか夫の愚痴などに変わっている。そうやって自然に「卒業」した女性たちと会話をできることが何よりも幸せなのだという。

ミサキさんは、女性の恋心を巧みに利用して、いつまでもズルズルとつなぎとめるような色恋営業はしない。女性たちのことを、いつか去っていくものだと知っているからだ。

思えば、自分が教えた塾の生徒たちも自分の元を巣立っていく運命にある。生徒たちは数年後には所帯を持つようになり、ある日思い出したように、「先生、飲みに行きましょうよ」とミサキさんに連絡をくれたりもする。これまで数えきれないほどの生徒たちの、たくましく成長した姿を見てきた。あれだけ未熟だった生徒たちがすっかり大人になって、今では思い出話を肴に自分と酒を酌み交わす。生徒が自分の元を離れた後、その成長ぶりを感じることがミサキさんの何よりの幸せなのだ。

「生徒たちの成長を垣間見た瞬間って、生きていてよかったと思うんです。人に頼られる存在であることが、自分にとって生きている意味を何よりも感じるときなんですよ。自分に価値を感じる。自分はここにいていいんだなと感じるんです。かつての教え子と対等に酒を飲めるようになると、すごく嬉しいんですね。それは、女風も同じ。いつか自分のもとを卒業していったお客さんと、性的なプレイなしに自然に話せるようになったらいいなと思っているんです」

「ミサキさんは女風を利用する女性たちが最終的に〝自分自身〟を卒業することを望んで

いるんですね」――こう問いかけた私に、ミサキさんは力強く頷いた。
「そう。自分を経由して巣立っていってほしいんです。だって、ここにずっととどまっていたってしょうがないから。自分たちセラピストという存在は、止まり木くらいの位置づけがちょうどいいと思う。ちょっと人生に疲れたときに、ここで一回、性的なことも含めてリフレッシュする。

そして自信をつけて実際の恋愛や、社会に帰っていく場所であってほしい。それが一番理想だと思うんです。ただ、それはこっちの勝手な願いなのもわかっているんですよ。だって、僕たちは人の心を振り回す残酷な仕事ですから」

ミサキさんの逡巡が伝わってくる。

ミサキさんにとっては生徒も女性たちも同様に、たまらなく愛おしい存在なのだ。ミサキさんは彼らがいつしか自分の翼で、思うように空を飛ぶことを望んでいる。誰もが決して同じところにとどまることなく、やがては自分の前から姿を消していく。それは、生徒たちが教えてくれた真理だ。

彼らが幸せな日常生活を送りながら、ふとした瞬間に、かつての恩師を思い出すことがあるかもしれない。そういえば、あの先生元気かな。苦しい時に力になってもらったな、助けてもらったな、導いてもらったなと。生徒たちの前に幸福な未来が広がっていれば、ミサキさんに助けを求めるようなことはないだろう。女性たちにもまったく同じ思いを抱いている。

ミサキさんが女性たちを飛び立たせた後、社会が彼女たちをどう受け止めるのか。それは男性だけの問題ではなく、もっと大きな社会のありようにまで関係してくる問題である。現代において人が生きるということは、「人であること」の重さと、「人でなくなる」ことの軽さ、この二つの狭間で苦悩し続けなければならないと、暗に突きつけられているような気がしてならないのだ。

あとがき　現代社会を生きる彼女たちへのラブレター

書き手として駆け出しだった二〇〇〇年代前半、私はとあるホスト雑誌の執筆に関わっていた。ホストたちの主戦場は、主に新宿・歌舞伎町だ。地方都市などにもホストクラブはあったが、当時のシェアのほとんどを占めるのは歌舞伎町だった。真夜中の歌舞伎町は常に喧噪と活気に満ち溢れていて、朝になるとビルの階段には酔いつぶれたホストたちが倒れていた。

私が担当したのは、ホストたちの「ファッションチェック」やインタビューだった。「ファッションチェック」のコーナーでは、ホストたちの洋服の値段とブランドを聞いて、写真を撮影し、記事にする。ホストたちは当時メンズファッションのアイコンとしても、注目を集めていた。

彼らはどこまでもキラキラしていて、そこにはただひたすら「陽」の世界が広がっていた。六本木のベルファーレで行われた日本一のホストを決めるグランプリでは、かつて人気AV男優として一世を風靡した加藤鷹が審査員を務めていたりした。優勝杯を手にしたホストは拳を高く振り上げ、その称号を生かして、さらに売り上げを伸ばした。

「バースデー」と呼ばれるホストたちの年に一回のイベントでは、女性たちから贈られた花が軒先まで立ち並んだ。耳をつんざくほどの大音響の音楽が流れる店内には、シャンパンタワーが鎮座し、札束が乱れ飛ぶ。その派手な世界を支えるのは、主に風俗嬢やキャバクラ嬢だ。

現に私が関わっていたホスト雑誌の後半のページは、札束を広げた女性たちの「稼げる」お店紹介が占めていた。そこで紹介されているのは大半が風俗店で、ソープやデリヘルなどであった。風俗嬢がまるでアイドルのようにホスト雑誌のグラビアを飾ることもあった。

風俗嬢が風俗店で稼いだ金をホストに貢ぐという循環の一部は、今も変わらず残っている。

女性に湯水のごとくお金を使わせることで驚異的な売上げをたたき出す一部のホストは、「カリスマホスト」と呼ばれ、「陽」の時代の象徴のようでもあった。彼らはテレビなどの媒体で頻繁に取り上げられるようになった。メンズキャバクラやレンタル彼氏が一時的に話題となり、一般女性に門戸を開くこともあったが、より濃密で具体的な性の受け皿というには弱かった。当時、女性が男にお金を払うという行為は、一般社会からまだまだ断絶したところにある世界で、抵抗感が強く、ヴェールに閉ざされていたと感じる。

一般企業で働く女性たちや主婦、学生たちにとってきらびやかな夜の狂乱は、「異次元」の光景で自分とは無関係だったのだ。

しかしそんな華々しい「陽」の世界の裏側で、女性用風俗はじわじわと台頭してきた。低価格化とSNSなど個人が発信力を持つという時代へと突入したことも後押しして、ここ数年で女性用風俗が活況を呈するようになる。

ホストクラブが、底抜けの乱痴気騒ぎを提供するアッパーなサービスなら、女性用風俗は、まったりとした癒しの時間を提供するコスパのよいダウナーなサービスと言えるのかもしれない。

女性用風俗は、ホストのようにその場の駆け引きによって高いお酒を入れる必要もないし、一定以上の料金がかかる心配もない。サービスはあくまでも一対一で、そして密室で行われる。ホストクラブと違って、「箱」と呼ばれる店舗に足を運ばなくていいため、周囲の女性たちの視線に晒されることもない。何よりも本業を持つセラピストたちも多く、彼らは社会経験もあり話題も豊富だ。中には芸能人顔負けの顔面レベルの男たちもうようよいる。しかも、そこで行われるのはホストよりも何倍も過激な性的サービスときている。

女性たちのそんな見果てぬ夢が、令和という時代にリアルなサービスとして具現化されたのだ。

女性用風俗は、レンタル彼氏やホストの「〝その先〟のめくるめくサービスを、誰にも利用できる安心価格で」提供するという大事業をやってのけたのである。

そして、ネットでの知名度を皮切りに、あっという間に一般女性に触手を伸ばし、その間口を広げた。女風とは、女性たちの欲望の有様をまざまざと映し出す新たな時代の象徴なのだ。

そんな女性用風俗の使用方法は様々である。イケメンとお泊りして彼氏のようにデートしたり、疑似恋愛をして癒しを得たりするのは王道だ。ある女性はハグだけで六時間過ごし、ある女性はＳＭでアブノーマルなプレイに酔いしれ、ある女性は処女喪失の予行演習をする。

女性たちはそうして、思い思いに女性用風俗というドリームランドへと舟をこぎ出した。

しかしそれは果たして、手放しで喜べることなのだろうか。

本書は、そんな私の素朴な問いかけから始まったものだ。その答えは本書を読み終えた読者の一人ひとりにゆだねたいと思う。

本書は、沢山の匿名の女性たちの協力によって成り立っている。こと性的な話となると、ナイーブなため当初取材は難航するのかと思われた。しかし蓋を開けてみると、女性たちは自らの性的欲求はもちろんのこと、女風を巡る喜びも悲しみも、そして苦しみでさえも、ありのままの姿を赤裸々に語ってくれた。まるで、「本当の私の姿を知って」といわんばかりに。

それは、同時に取材を通じて彼女たちが抱えた苦しみや生きづらさも知ることでもあった。そのため取材の途中では彼女たちに共感するあまり、時には心が折れそうになったこともあった。それでもそんな等身大の女性たちを見つめて、気づかされたことがある。

女性用風俗を取材していて最も驚いたのは、女性たちの圧倒的な繋がる力だ。たとえ孤独な状況にあったとしても彼女たちはＳＮＳを駆使してアメーバのように繋がり、仲間を次々に増やしていった。女風とは、女性たちの繋がりづくりのツールに過ぎないのではないかと感じることさえあった。

実は本書も、そんな女性たちのネットワークの恩恵に与っている。取材対象者の紹介に次ぐ紹介があり誕生したもので、彼女たちの繋がりの原動力によってできあがった本だと言っても過言ではない。

私は、いつだって自分の欲望にまっすぐな女性たちがたまらなく好きだ。自分の内なる性的欲望を見つめる彼女たちは、輝いてみえる。私は彼女たちにいつも底知れぬ愛おしさと、人間らしさを感じる。そして、何よりも彼女たちの他者と繋がろうとする不思議な力に瞠目させられる。

彼女らが教えてくれたことは、自らが抱える性のみならず、その背景にある社会の問題や生きづらさとどう向き合い、どうブレイクスルーしたらいいかという処方箋だ。

人間にとって性とは生そのもので、それはいわば、長い自分の人生とどう対峙するかということでもある。彼女たち一人ひとりの人生には、女性用風俗を通じてそんな自分をどう解放し、さらにはその先にどう人と繋がるかということへの大きなヒントがあった。

彼女たちが導き出した答えの数々は、今後の私の人生において大きな糧になっている。


この本の締め切りに追われる二〇二一年一一月中旬、友人に誘われて池袋にSMショーを見に行った。それは大阪と東京でSMバーを経営するオーナー、蒼月流《あおつきながれ》さんのショーだった。私は以前から、「蒼月さんのショーはすごいから、絶対観に行ったほうがいい」と友人に口酸っぱく言われていたのだ。

ステージの上には蒼月さんによって縄で縛られ、一本鞭で打たれる若い女性の姿があった。蒼月さんの紹介によると、その女性は以前に蒼月さんのショーを見て自ら応募してきたのだという。彼女はこれまで舞台に上がったこともない全くの素人女性だった。そんな素人女性が自ら衆人環視のなかでステージに立つことを決意し、今、私の前であられもない媚態をさらしているのだ。その事実にまず感動した。

女性は冒頭からショーの世界観に没入していて、苦痛と快楽をいったりきたりしながら、人間の形が失われてただの肉になったような、抽象絵画の時間を漂っているように思えた。女性は一〇〇人ほどの観衆の目の前で、蒼月さんの攻めを受け、ひたすら下半身をガタガタと振り、震えながらも激しくイキ続けていた。

ステージに立ち快楽に打ち震える彼女は、本当にただただきれいだった。

堕ちることで、人の心が体から解き放たれる姿は、ぞっとするような美しさがあった。それはまさしく解放であり救済であった。

ショーのクライマックスとなり、最後に蒼月さんに顔を踏みつけられた女性は、無我の境地に達したような恍惚の表情を浮かべていて、まるでその瞳は菩薩のそれであった。人が解放される瞬間というのはこんなにも美しいのか――。その女性の姿を見つめていると、涙が溢れてくるのがわかった。観客席には男性だけではなく女性も大勢いたが、皆薄暗がりの中で目を潤ませていた。

私はいつしか舞台の上の彼女に乗り移ったようになり、その瞬間自分の心がふわりと自由になるのを感じた。きっと彼女も私が体験したのと同じように、かつてステージに立っていた女性に「感染」し、自分もああなってみたいという思いを募らせて、今日のステージに立ったのだろう。後ほど蒼月さんにショーの感動をＳＮＳで伝えると、すぐに蒼月さんから「自分が自分でなくなる瞬間は、間違いなく解放です」との返信を頂いた。

私が性の世界をフィールドワークする理由が、そこにある。私は人が解放される瞬間に立ち会えるのが、何よりも自らの癒しになるのだ。特にむき出しの性が肯定される現場ではそれが如実に体感できる。だから、かれこれ一五年にわたって性をテーマに取材を行っている。

私は蒼月さんのように、女に解放をもたらす男を無条件で尊敬してやまない。それは、日々女性たちの欲望と真摯に対峙している女風のセラピストたちも同じだ。

そして自分を縛りつけて離さない様々な苦しみから、誰もが自由になれる世の中であればいいと心から願っている。

最後に、この本が生まれた経緯についても記しておきたい。

私は性と死をフィールドワークにしたノンフィクションを執筆している。ここ数年は、ストリップやSMバーなどの性風俗に関する記事を執筆する傍ら、孤独死に関する著書の執筆を精力的に行うようになっていた。

私が女風という世界に出会ったのは、第三章で登場した女風のオーナーであるOさんとの出逢いがきっかけであった。

ある日、私は孤独死現場の清掃を手掛ける特殊清掃業者を通じて、夫を孤独死で亡くしたOさんと知り合った。彼女の夫について取材を進めるうちに、彼女の夫が親や社会との折り合いがつかず、苦しみを抱えて孤独死してしまった事実を知った。そして最終的に、そこから彼女が夫のような生きづらさを抱えた女性のために、女性用風俗店を経営しているということを打ち明けられたのだった。

それでは、買う側の女性たちは何を求めてやって来るのか、その心の内には何があるのか。それが私の関心事となった。それがきっかけとなり女性用風俗の取材を本格的に始めることにした。そしてセラピストや経営者たちと出会い、様々な証言を手掛かりにしてウェブ媒体で女性用風俗の記事を執筆するようになった。その記事の一つをたまたま目に留めた編集者から、今回の出版のお話を頂いた。

だからこの本のそもそもの成り立ちは、今はこの世に存在しない死者が繋げてくれたご縁だともいえる。孤独死と女性用風俗は全く違う畑のように思えるかもしれないが、実は根底では分かちがたく繋がっている。

孤独死の背景には、社会的孤立という、日本が抱える大問題がある。OECD加盟国のうち、もっとも孤立度が高いのが日本である。日本人が抱える孤独という病は、女性用風俗の利用動機とも大きく関わっている。女風の利用動機として「寂しさ」を口にする女性たちがとても多いからだ。新型コロナウイルスの猛威によって、日本の孤立・孤独を巡ってはさらに深刻な状況になり、社会的弱者ほど、捨て置かれているという現実がある。

人と人との距離を保つことが良しとされるこのコロナ禍だからこそ、より一層孤立感を深める人たちが日本にはたくさんいる。

そして女性用風俗にもその影響が顕著に現れ始めている。コロナ禍でなかなか人に会えないという孤独やストレスを募らせた女性たちが、女性用風俗に新規参入しているのだ。

長年女風を利用しているあるユーザーは、これらの女性たちのことを密かに「コロナデビュー組」と呼ぶ。

ソーシャルディスタンスがいくら叫ばれても、人は誰かと一緒にいたい、繋がりたいという潜在的な欲求に抗うことはできない。長年日本の孤独や孤立の取材を続けてきた私からすると、女性用風俗のコロナデビューという現象は、とても健全で人間らしい行為のように感じる。

女性用風俗という業態は今後も女性のセクシュアリティや社会状況によって、目まぐるしい変化を遂げてゆくことだろう。コロナ禍以降、女性用風俗がどのようなものに変質するのか。私は引き続き見守っていきたいと思っている。

本書によって女風を利用する女性たちや、セラピストたちの人生の一端を知って頂くことで、あなたの人生の一助となれば幸いである。

【巻末対談】
「同じ世界に入る」ことの享楽

宮台真司×菅野久美子

（1）「女風」が流行している背景

†女が性に乗り出せなくなったワケ

菅野　本書を最後まで読んでいただいた方は色々な感想を抱かれていると思いますが、取材を重ねるに従って、日本社会の水面下でムーブメントとなっているこの「女風」という現象をどう捉えたらいいのかと思い悩むようになったんですよね。

もちろん女性たちの利用動機は様々で、処女を悩んで利用した三十代女性や、夫と長年セックスレスで利用したという主婦もいる。そこには、単なる性欲だけの問題ではない根深さをひしひしと感じます。買う女性たちに話を聞いていると、一つの潮流として、実社会において男たちへの絶望の深さがかなり影響し、性に乗り出せなくなったということが分かりました。女性たちがリアルな男性たちに対して諦め感を抱える中、生まれるべくして生まれたのが「女風」という市場だとも言える。
「女風」がここまで流行っている背景に何があるのか、今回の対談では、その本質を社会学者である宮台さんからぜひお聞きしたいと思ったんです。

宮台　まず、女の人が性に乗り出せなくなっている理由が二つあると思います。一つ目は分かりやすいところですが、「性教育の不全」です。学校の性教育は「生物学」が専らで、「性愛教育」からは程遠い状態です。とりわけ一九九〇年代末からは、日本会議系の圧力によって、妊娠の不安・性感染症の不安・将来を棒に振る不安を教える「不安教育」になっています。子どもたちに性愛への怯えを植え付けているのです。
加えて、昨今は「不安教育」に「人権教育」が重なって、「加害・被害」という図式で性の問題を教えるようになりました。「いかに性被害に遭わないか」といった話ばかりです。そこでの「性被害」は過剰に広い意味で使われています。暴力的なケースだけじゃなく、感情を傷つけられるようなケース、モノ扱いされるようなケースまで含みます。「不安教育」に「人権教育」が重なって、大人になる前の段階で性体験そのものに怯えるようになりました。

もう一つ、問題を増幅しているのが、性教育をする大人たち自身にあまりに性愛経験が乏しいことです。それゆえ、「性愛的なもの」がどんなふうに魅力的なのかを子どもたちに伝えることができていません。この「魅力教育の欠如」がいちばん大きな問題でしょう。その点で、性教育の不全を日本会議系の圧力のせいにするのは、実は間違いです。ヨーロッパ各国の性教育の基本は「性愛教育」ですが、そもそも日本にはそれが欠けていること。それが最大の問題なのです。

僕が今まで言ってきたことですが、一九八〇年代の「新住民化」、すなわち土地にゆかりのない人々が地域世論を牛耳るようになったことが、問題の背後にあります。かつての子どもたちは「同じ世界」に入る享楽を知っていました。空き地や路上で日が暮れてもドッジボールやゴム跳びをして、家の人が呼びに来て一人抜け二人抜けしてお開きになりました。僕の頃には当たり前だったこうした長時間の外遊びの風景は、一九九〇年代に入るまでになくなりました。

菅野　なぜなくなったのですか？

宮台　そうなったのは、地域のみんなが親しいがゆえの「信頼ベース」の営みが、顔だけで名前を知らないとか顔さえ知らないという「不信ベース」へと、置き換わったからです。それを象徴するのが、子どもがよそんちに遊びに行ってご飯食べたり一緒に風呂に入ったりする習慣が、消えたことです。「山田さんちの子に生まれたかったなぁ」「だったら山田さんちの子になりなさい、帰ってこなくていいから」という『ちびまる子ちゃん』的な定番の会話もなくなりました。

同じ「新住民化」によって、一緒に危険な営みをすることで「同じ世界」に入る体験も、一緒にルールを破ることで「同じ世界」に入る体験も、なくなりました。かつての秘密基地ごっこは、工事現場の土盛りを使うので不法侵入でしたが、だからこそ子どもたちは「同じ世界」に入れました。当時はすでに焚き火も条例違反でしたが、焚き火を囲めば誰もが「同じ世界」に入れました。打ち上げ花火の横打ちの戦争ごっこも、そうです。どれも当時は誰も咎めませんでした。

僕の記憶に強く残っているのは、男女がまざって、日が暮れても街頭や月明かりを頼りにドッジボールやゴム跳びをしたことや、秘密基地ごっこをしたことです。僕の言い方だと、男女がダンゴになって、黒光りした戦闘状態になっていました。そういう享楽を知っていたので、僕の場合、好きになるのはみんな、男まさりの女の子ばかりでした。ところが、一九八〇年代後半以降に小学生だった人はそういう体験をまったく知らない。これは重大な問題です。

ダンゴになって黒光りした戦闘状態に入ることを「共同身体性」と呼びます。これは、「同じ世界」に入る力、「同じフロー」に乗る力、「一つのアメーバ」になる力のことです。この能力を欠いた小学生が、一〇年後には二十代になりますが、これは一九九六年から性的退却が顕著になったというデータと符合します。問題は性的退却だけでなく、友人関係一般に及んでいました。それを「イタい」という言葉が象徴します。これは「過剰であること」を回避する言葉です。

例えば、性的に過剰であることが「イタい」と言われます。だから援交ブームの担い手がリーダー層のイケてる系からフォロワー層の自傷系にシフトし、援交していても友達に言わなくなりました。また、「オタク的に過剰」であることも「イタい」と言われます。だからオタク界隈が蘊蓄競争からコミュニカティヴな営みにシフトしました。特に女子界隈から拡がった動きですが、相手に自分と同じ趣味の引き出しがあれば、自分も引き出しを開ける感じになりました。

こうして、性の過剰さとオタク趣味の過剰さがともに「イタい」とされるとともに、政治志向の過剰さも「イタい」として忌避されるようになりました。この流れは現在まで続いています。だから今の若い世代も、①性の話題を回避し、②政治の話題を回避し、③趣味の深い話題を回避します。だから、ツイッターでも一貫してこれらの話題は裏アカ（裏アカウント）で話すようになっていて、それゆえに高校生は平均五つのアカウントを持つようになったのです。

ちなみに今世紀に入ると「キャラを演じる」という言葉が生まれ、次いで「KY（空気を読めない）」という言い方が拡がります。これらは若い世代の人間関係のあり方をよく示しています。腹を割らず、仲間から浮かないように、空気を呼んで振る舞う。そうした営みゆえに言葉の意味も変わりました。若い世代の「友達」は僕の世代の「知り合い」に過ぎず、若い世代の「親友」は僕ら世代の「友達」に過ぎません。こうした流れはこの二十数年、変わらない動きです。

†「一つのアメーバになれない」私たち

宮台　こうした関係から深い友情が生まれるでしょうか。生まれるわけがありません。深い友情を培う能力がない人に深い恋愛ができるでしょうか。できるわけがありません。彼らは「同じ世界」に入れず、「同じフロー」に乗れず、「一つのアメーバ」になれないのです。僕は若い人向けに（性愛に関する）ワークショップをやってきましたが、小さい時から男女がダンゴになって「同じ世界」を生きる体験をまったく知りません。問題が「新住民化」に由来するゆえんです。

ワークショップでは、「昔は「同じ世界」に入って「一つのアメーバ」になる享楽があったと言うけど、本当にあったのですか」と聞く若者や、「本当にそんな享楽があったのだとしたとしても、知らないままでいる方が、不全感に悩みたくないからいいです」と言う若者もいます。これも重大な問題です。彼らには「「同じ世界」に入って「一つのアメーバ」になる享楽」という言葉のクオリア（体験質）がないのです。だから言葉だけでは性愛に促すことができないのです。

ところが、新型コロナウイルス禍の二年間を挟んで少し状況が変わりました。僕のトークイベントに若い人たちが多く集まるようになり、「どうしたらそんな享楽にアクセスできますか」と聞かれる風潮になってきたのです。これらは女風の流れとシンクロしていると思います。みんな「閾値」を超えて苦しくなったのでしょう。コロナ禍のせいで「自分が孤独である」ことに直面したということです。今まで見ないふりしてきた孤独を、見ない振りをしきれなくなったのです。

菅野　この本はまさにコロナ禍の中で取材を行っていたのですが、女風でも、「コロナデビュー組」の女性たちが増えたんです。そんな女性たちに話を聞くと、一人暮らしの女性たちで、会社にも出社しなくなり、家に一人でいるのが耐え切れず女風を利用したと言います。やはり、コロナ禍の孤独は想像以上に大きいと感じました。その動きは女風だけではなくて、婚活事業をやっている友人もコロナ禍になってから、かなり業績が伸びて好調だと言っています。

あと最近、歌舞伎町のバーに久々に遊びに行ったのですが、見事に女性ばかりなんです。特に若い女性の数が増えていて女子会状態で驚きました。バーの関係者に聞くと、男性はテレワークなどで在宅勤務が増え、妻帯者がなかなか来られなくなったという事情もあるようです。それを考えても女性の数が圧倒的に多い。特に女性に顕著ですが、まさにコロナ禍で一人一人が孤独とどう向き合うかを認識する機会になったんでしょうね。

(2) 女性の「寂しさ」を受けとめるセラピストという存在

†「まともな男がいない」問題

宮台 現在、性愛に関して苦手な女の子たちのための性教育本のための連載を、ワークショップでの経験を基にして書いているところです。「生物学」や「不安教育」や「人権教育」に傾いた、学校で使われるような性教育本とは違い、「こうすれば性愛に向けて積極的に進めるよ」といった自然な形で書きました。ところが、ワークショップでも今回の執筆でも直面している問題が、性愛に向けて突き進みたくなるような「まともな男」がいない、という劣化した現実です。

菅野 その問題、本当によく分かります。女風に女性たちが乗りだしていった理由のかなりの部分を占めるのも、実社会に「まともな男がいない」ことでした。だったら買うしかないよね、ということになるのも自然なことですよね。

宮台　はい。「まともな男がいない」問題は、実は統計的にはっきりしています。男の恋愛稼働率は、どの世代でも女の半分しかありません。当事者の女は気付いていないかもしれませんが、男一人が女二人を相手にしているのです。二十代、三十代、四十代、いずれも同じです。まともな性交を含めて、まともな性愛ができる男はとても希少なので、女たちが彼らを共有する状態になっています。その共有の一つの形式が、まさに女風だと言えるでしょう。

女風の場合、男がタコ足状態でも、女は「彼は商売でやっているから」と言い訳できます。「商売だから他の女性を相手にするのも当たり前」とね。社内の声かけ禁止を真に受けたり、告発を恐れたりして、仕事場で声をかけられなくなった女たちは、賞味期限だと意識される三十代後半になるとほぼ必ず切羽詰まった状態になります。諦めずにまともな男を探す絶望的な営みに賭けるか、現実に適応して諦めるか、次善の策として女風にいくか、という三択になっています。

菅野　「まともな男がいない」問題って深刻ですよね。だから女性たちの共有財産として女風が生まれたのだなと思います。

私は書き手になる前にSM雑誌の編集者をしていたことがあるのですが、SMでも、縛りのできるS男性や緊縛師に大量のMの女の子たちが殺到するという傾向が昔からありました。それは今も変わらずで、五十代のオジサンに若いMの女性たちが行列をなして「縛られ待ち」みたいなことが日常なんですよね。

彼は「S男性は希少なんだから、自分たちのためにもM女性たちで育てていこうね」というようなことを女性たちにおっしゃっていて、印象的でした。本書に登場したミサキさんもSMプレイを売りにされていらっしゃいますが、売れっ子なんですよ。

宮台　「性交というより、まずプレイがしたい」という構えも、まともな男のタコ足状態を受け容れる言い訳を与えます。プレイができる男は、まともな性交ができる男よりも少ししかいませんからね。僕も申し出を受けた経験が数回ありますが、SMプレイや露出プレイや複数プレイをしてみたいというのは、逆説的だけど「恋愛したい」よりも安全なのです。ゲーム化できるということと、単に性交したいというと何となく引け目を感じることが、あるからですね。

ナンパを考えても同じで、一九九六年ごろから街で男女が目を合わせなくなりました。目を合わせると誤解されると思い込むようになったからです。だから声かけが自然なプロセスではなくなり、ナンパに応じるハードルが高くなりました。僕らの世代が大学生だった七〇年代末に比べると、男がナンパする経験も女からナンパする経験も、三分の一です。ナンパする・されるのハードルが上がったことで、女風のセラピストとクライアントという関係が言い訳になるわけです。

そうした流れを踏まえると、女風が出てきたことは良い流れです。彼女たちが女風に行く理由は、第一に、#MeTooを背景にした社内の声かけ禁止などで出会いの機会が減り、第二に、防衛的になった男女が街で視線を合わせなくなって出会いの機会が減り、第三に、男の恋愛稼働率が下がって性交相手を見つけられなくなったからです。女風がこれらを超えられるのは商売だからで、具体的には「相手はプロだ」と「やりたいのはプレイだ」という言い訳が使えるからです。

†「ガチ恋に向かうためのステップ」としての女風

宮台　本書を読むと、女風のセラピストたちは「持続可能性」を担保している点で興味深いです。彼らは、プレイだけでなく、女性の悩み相談にも乗ります。営業的な理由から「女性からの頼みが絶えない状態」を目指すわけです。希少なまともな男を共有せざるを得ない女性側の言い訳だけじゃなく、「セックスだけがしたいわけじゃない」という女性側のニーズに応えています。「セックスだけしたい」男は世の中に一杯いるけど、「セックスだけしたい」女はほぼいないのです。

パパ活と周辺界隈の参加者数は、援交ブームのピーク時をはるかに超えます。パパ活と周辺界隈は、性交が必須のデリヘルを一方の極、性交禁止のコンカフェやメイド喫茶を他方の極として、事と次第では性交もあるという彼女代行やパパ活を間に挟んだ、スペクトルになっています。そこに、TOHOシネマズ新宿横の路上呑みから始まった「トー横界隈」では、ホストやホスト崩れ目当ての未成年が集まり、貢ぐためにパパ活と周辺界隈に大挙参加する状態になっています。

女風は主に二五歳以上の女が関わり、パパ活と周辺界隈には主に二五歳より下の女が関わりますが、共通する要因があります。第一は、性愛に自然に乗り出せる界隈がなくなっていること。第二は、相手がタコ足状態でも「セラピストだから仕方ない」「ホストだから仕方ない」という自分への言い訳。第三は、男と性交できないことが「自分には価値がないのではないか」という自己価値の低さに結びついていること。すべて「不安教育」と「人権教育」の結果です。

違うところは、女風で女が自己価値を回復できるのに対して、トー横界隈──今はビブ横界隈（横浜）やグリ下界隈（大阪）に拡散しましたが──を含めたパパ活と周辺界隈では、女がむしろ自己価値をますます失うこと。理由はこの界隈では男が「クズ」過ぎるからです。トー横の未成年から女風の中年まで含めて、女はやはり恋がしたい。なのにトー横界隈の男はヤッて貢がせる系のクズだらけだし、パパ活と周辺界隈にもガチ恋の対象になるような男はほぼ皆無。

加えてそこに女の「自己のホメオスタシス」（自己像を維持するための認知的整合化）が絡んできます。稀にガチ恋の相手になりうる愛してくれる男が現れても「どうせフリしてるだけでしょ」と捉え、フリじゃないと分かると今度は「この男はおかしい」と捉えてウザがり、露悪的に振る舞って関係を終わらせてしまいます。コンカフェ・彼女代行・V系バンド界隈の掲示板「たぬき」、ホスト界隈の「ホスホス」、パパ活やキャバ界隈の「爆サイ」が参考になるでしょう。

そんな界隈に二年もはまっていれば自己価値は回復困難なまでボロボロになります。そんな中で、お金が必要なサービスだけれど、女風が今出てきたのは、とてもいいことだと思います。パパ活と周辺界隈を含めて、男を相手にした風俗とは、ニーズが違うと感じます。最終的には「ガチ恋に向かうためのステップ」として考えているからです。性愛に対して最初の一歩を踏み出すことができないから、まずは女風での経験で勢いを付けたい。非常によく分かるんです。

菅野　ホストの色恋営業に当たるものは、確かに女風の世界にもあるんです。一人のセラピストにハマることを「沼る」と言います。ただ女風の場合、セラピスト側が「今月、使いすぎじゃない？」「大丈夫？　少し期間を置いた方がいいんじゃない」などと声をかけたりするケースも意外にあるんです。女風の経営者は女性も増えてきているのですが、良心的な女性オーナーが背後にいたりすると、沼らせるためのストッパーになっていたりする。

彼らは信念を持っていて、ポリシーとしてまさに「ガチ恋に向かうためのステップ」として、女風を利用してほしいと考えている。女性が不幸になる姿を見たくないという志を持った方がセラピストや経営サイドにいるのが、すごく現代っぽいなと思います。

あと、女風のユーザーの中で「あるある」なのが、一人のセラピストを指名するに従って、だんだんサービスがおざなりになるというケースです。かつて男性用風俗で働いていた元風俗嬢の方に聞いたのですが、風俗嬢に比べると、女性用風俗の男性セラピストは一般的にプロ意識が低いそうです。俺女にモテるから、という安易な動機で入ってくる男性もいる。実際はそんな甘い世界じゃないんですけどね。

だから女性同士がSNSを通じてつながって、女子会でそんな話をして、客観的な視点を取り戻すというのも多いんです。そこでは例えば「推しピ、サブピ、テクピなどと、用途に応じて使い分けたらいいいよー」というアドバイスも生まれる。「なるほど。そう使えばいいんだ」と気づき、結果的に女性たちのネットワークが「沼らない」ためのリスクヘッジになる、という動きもある。

宮台 それは大事なポイントだと思います。女風を通じて女性同士が連帯することですよね。特に二〇一〇年以降、性愛の劣化を加速させた背景の一つが、「女同士が性愛についてしゃべらなくなった」問題です。統計的には、年の差恋愛がこの一〇年で増えました。四十〜五十代の婚外性交する人の割合が男だけ倍増しました。でも大学生を含めた若い女たちに聞いても「そんな話は聞かない」と言う。昔と違って、女の間で性愛について自分を語らなくなったからです。

一九七五年公開の『祭りの準備』（黒木和雄監督）という映画があります。高知県の中村市（現在の四万十市）での実話ベースの作品で、女たちの間で男を融通する営みが描かれています。漁村にはよくあることですが、「海は男のもの、陸《おか》は女のもの」という共通理解があったからです。高知県の中絶率が過去数十年も全国一〜二位を争うのも、取材した養護教員集団によれば「性交するか、中絶するかは、女が決める」、女若衆宿的な文化によるそうです。

女同士が仲良くなって、性愛に関する知恵を共有し、場合によってリソースについても共有する。そういう文化があれば、女たちが自分の責任でいろんなことを決められます。ちなみに自己責任の言葉は、日本では自業自得の意味で、行為の事後に使われますが、欧米では自分の責任で決めるという意味で、行為の事前に使われます。女たちが互いに性愛について語らなくなった中、逆にコロナ禍の影響で女風を契機に女たちの横の繋がりができたのは実に素晴らしいことです。

話は変わりますが、最近、僕の政治がらみのトークイベントにさえ制服姿の男女の高校生が来るようになりました。この二〇年間で初めてのことです。「なんで来てるの？」と尋ねると、自分たちの界隈からいかに微熱がなくなって冷え切っているのかを語り、周囲の人々の感情的劣化を語り、「このままだと幸せな人生が送れそうもない」と話してくれるようになりました。

†「寂しさ」をまずは受け入れて

宮台　そして、女風にまさに関連した問題ですが、僕たちは「寂しい」という感情がいかに人を傷つけるのかを理解するべきです。寂しい、孤独だという感情を、自分自身で見つめるのは難しい行為です。だから、それを別の感情に変換しがちです。例えば、自分は不本意に孤独なんじゃなく、「周りが悪意に満ちた人で溢れているから、自分は気を許さないのだ」と被害妄想化します。今の性教育は、加害・被害の問題ばかりブーストするので、被害妄想化を支援してくれます。

性愛に踏み出せないのではなく、「周りが危ない人ばかりだから」と踏み出さないのだとね。被害妄想化は「自己免罪化」の一種なのです。加えて学問的に知られているのは、寂しさを退屈という感情に変換する営みです。寂しさは対処不能ですが、退屈は刺激があれば紛らわせられるからです。性交しても「この人は私を捨てるな」と思えば寂しい。でも感情を退屈へと加工しておけば、「退屈しのぎのセックスなのだから、捨てられても大丈夫」と「自己免疫化」できます。

寂しさの感情を退屈に加工した先にあるのは、「退屈しのぎなら相手は誰でもいい、やりまくればいい」という末路です。本当はガチ恋を求めているのに、現実にはそれを回避しがちな女たちの問題は、自己免罪化や自己免疫化を含めた自己合理化のメカニズムを考えないと理解できません。どうすればいい男を見つけられるかも大事なテーマですが、寂しさに関する自己合理化をちゃんと弁えないと、女たちは必ずと言っていいほど間違った方向に行くだろうと思います。

菅野　あるセラピストは「ユーザーに利用動機を聞くと、寂しかったからという言葉がまず来るんだ」と言うんですよね。風俗だから性欲が上に来るかと思いきや、全くそうではない。「寂しさ」を埋めようとして利用する女性が圧倒的に多いという。そこに性欲がくっついていたりする。でも、それって自分を振り返ってみれば私も同じで、寂しいという感情は常につきまとっている。この寂しさの正体ってなんなんだろう、どこからきたんだろうって思うんですよね。

宮台　女風を使う女たちが「寂しい」と言っているのは、僕に言わせればワンステップ上っている証拠だと思います。「自分は寂しくない、あくまで退屈なのだ」という女たちよりも、ずっとまともだからです。それを踏まえて言うと、寂しさに向き合ってそれを解消する方向に向かえるかどうかを決めるのが、幼少期の記憶です。幼かった頃に、寂しさから救い出してくれた人がいたという記憶です。先述の「同じ世界」に入ろうと思うかどうかも、こうした記憶の問題です。

記憶があれば、願望が現実的になりますが、記憶がなければ、願望は非現実的だから諦めるべきものになります。だからワークショップでは、誰かがいたおかげで寂しくなかった記憶や、男女や年齢の別を問わずに「同じ世界」に入って享楽できた記憶を、特殊な手法を用いた変性意識状態でのリマインディング・セッションで思い出して貰います。そうした記憶は、生々しく維持していると現実を生きるのがつらくなるので、思い出しにくいように折り畳まれているからです。

僕の考えでは、寂しさからの救済と、「同じ世界」でアメーバになることとは、同じ現象の表と裏です。僕のワークショップでも、小さなとき、仲が良くなかった女同士でもいいし、家族を顧みなかったお父さんでもいいから、没頭して「同じ世界」に入った希少な記憶をリマインドして貰った後、次にその状態を目指すように促します。大人になった今、性愛において「同じ世界」に入ることは、そうした子どもの頃に戻ることと同じです。本質的には難しくないことなのです。

幼少期の子どもは自己防衛的ではありません。社会学でいうと「社会化」されていない、つまり社会に洗脳されていないからです。だから「こうした規範を守らなくてはいけない」という意識が薄いか、優先順位が大人よりもずっと低い。社会から自由だから、子どもたちは「同じ世界」に入りやすいのです。大人になると社会に洗脳されて「あれがいけない、これがいけない」となります。すると、同じ規範を共有できないことが多いから、「同じ世界」に入れなくなるのです。

社会化とは、定住化して規模が大きくなった社会で、社会を成り立たせるのに都合がいい「言葉の自動機械・法の奴隷・損得マシーン」を作り出す洗脳です。だから、社会に過剰適応すると、「同じ世界」に入る力が失われるのです。人々がそれに気付いていたからこそ、定住社会には定期的に祝祭がありました。祝祭は、複雑な大規模定住社会における計算可能性にそぐわないので次第に周辺化されていきますが、それでも最近までは性愛が祝祭と等価な機能を果たしました。

祝祭が「社会の」法外だとすると、性愛は「個人の」法外だという違いがあります。でも、法外を過剰に消去したがる「新住民化」（法社会学では一般に「法化」と言います）が進むと、まずは祝祭が骨抜きになり、やがて時間の問題で性愛が骨抜きになります。それが現に世界的に起こり、ネットがそれを加速しています。だからまず「社会に適応すると性愛が貧しくなる」という公理を踏まえ、次にまだ法外を生きていた子ども時代の記憶を用いて目標を据えるのです。

（3）「社会」の時空と「性愛」の時空は排他的

†「愛」にリアリティを感じるには

宮台　今の若い人には、まともな性愛に関するイメージがほとんどないように思えます。「性愛の享楽」を願望するベースになるクオリアが彼らにはありません。自分が実施した二〇〇〇年頃の調査では、「両親は愛し合っている」と答えた大学生には、恋人がいて、体験人数が少なく、「親は愛し合っていなかった」と答えた学生には、恋人がいなくて、体験人数が多い傾向が出ました。これは、ロールモデルを目の前で目撃したことがないと、愛から見放されることを意味します。

むろん恋愛は少女漫画や映画で多数描かれていますが、今の若い人たちは「絵空事の娯楽だよ」と受け流します。理由の一つは、先に紹介した自己防衛のメカニズム。ソレが現実にあり得ると思うと疎外感に苦しむからです。もう一つは、知らない人々が集住する「社会」では、「交換」がコミュニケーションの基調なのに対し「性愛」では「贈与」が基調になるのですが、一九八〇年代からの新住民化＝法化で「社会＝言葉・法・損得勘定」に過剰適応するようになったからです。

「社会」は「交換」が原則。「性愛」は「贈与」が原則。だから「社会」の時空と「性愛」の時空は排他的です。ただし先に話したように、定住以降に生まれた「社会」よりも「性愛」の起源の方がずっと古い。だから「社会」での地位獲得よりも「性愛」における充実の方が、人の尊厳（自己価値）に直結します。なのに、今は「性愛」の方が困難だと感じられています。「交換」原則の「社会」に適応し過ぎて、「贈与」原則の「性愛」が非合理に感じられるからです。

以上のように、統計的な性的退却（二〇年間で高校生男女・大学生男女の性体験率が半減）の理由は明らかです。この状態を放置して少子化対策もクソもありません。同時に処方箋も明らかです。幼少期から学童期になっても「社会＝言葉・法・損得勘定」への適応を程々にするために「社会の外＝言外・法外・損得外」を基盤にした「なりすまし」の作法を学ばせること。そして、「贈与」としての「愛」が現実的だと思えるようなモデリングの機会を与えることです。

そのための一つのやり方として、僕は三〇年間、性愛の達人が、「性愛教育」の達人として、旅芸人のように各学校を回る方式を提案してきました。加えて、僕が過去一〇年ほど実施してきたのは、「贈与」としての「愛」の現実性や、それを含めた「社会の外＝言外・法外・損得外」のクオリアを学ぶのに相応しい映画作品群を、適切な順番で見せることです。先に話したように処方箋とすべき目標は明らかなのですから、他にもいろんな方法を案出できるはずです。

菅野　ちなみに「愛が存在する」と今後思えるようになるのは、やはり女性なのでしょうか。

宮台　まず女性です。東京都西部の女子校で高校二年生全員に「損得に敏感な男」と「正義に敏感な男」とどちらをカレシにしたいか尋ねたところ、一〇〇パーセント「正義に敏感な男」だと答えました。理由を尋ねると「損得に敏感な男は、いざという時に逃げるから」。ちなみに「愛」ではなく「正義」を訊いたのは「愛」が過剰に肯定的な表象だからです。いずれにせよ「損得」は「交換」原則で、「愛と正しさ」は「贈与」原則ですが、女の方がゲノム的に「贈与」原則に親和的だと推定できます。

「性愛」において「性」だけでなく「愛」にも重きを置く女に対して、男は専ら「性」に重きを置きがちです。射精して終わりという「射精主義」が象徴的です。射精という終わり（end＝目標）が与えられていると感じがちで、実りある〈愛のセックス〉とはどうあるべきかをちゃんと考えず、〈ただのセックス〉か〈祭りのセックス〉に淫しがちです。女の性交には区切りがなく、男に持続力がある限り延々と性交し続けられるので、射精主義の相当物はありません。

さらに男は、性交に到ること自体を目標に据えがちです。だからその前の手順にあくせくします。僕のワークショップでは逆だと伝えます。自分ではなく相手の幸いだけを願う構えがあれば、性交に到るのは簡単で、むしろ全ては性交から始まるのだよと。どんな性交をするのかは、相手をどこまで理解し「なりきれて」いるのかを示す重大な指標です。そこから絆が始まります。女は性交がゴールになることはないですよね。性交＝承認、という図式にならない限りは、ですが。

男には、新しい女をゲットして性交する営みを繰り返すことで不安や不全感を埋め合わせるという神経症的傾向もありがちです。一瞬ですが、自分はすごいという感覚に浸れるからです。僕もそうでした。これはカウンセリング・マターで、実存の不全感自体を手当てしないと、女をやり捨てた挙句、孤独死することになります。実際かつてのナンパ師仲間が二人孤独死しています。これらも外から伝えられないと男は分かりません。だからワークショップの目標になります。

†「結びつき」を求めない男たち

菅野　私は、取材ジャンルとして、性と死をフィールドワークにしていて、継続的に孤独死の取材をしていますが、日本はOECD加盟国で最も孤立度が高い。孤独死の背景にあるのは社会的孤立なのですが、特殊清掃現場でも圧倒的に多いのは、中年の男性の孤独死なんです。彼らは、日常的に孤立しているから遺体が発見されるまでの期間も、女性の倍ほどかかってしまう。

宮台　菅野さんに影響されて、それらの統計を授業でも使います。菅野さんが、タワマン住民でも大学生でもSNSが途切れた時に誰も来てくれないなら孤独死するし、孤独死しても長く発見されないと書いておられる。それを学生に伝えると、自分が孤独死する可能性について最初は一〇人に一人が手を挙げたのが三人に一人になります。これは「男に損得を超えさせるために（孤独死したくないという）損得勘定に訴える」やり方ですが、経験的には極めて有効ですね。

菅野　男たちは、性愛を通じて繋がることを大切だとなかなか考えづらいのでしょうか。

宮台　僕自身は必要だと思うけれど、男たちの多くが性愛の絆が必要だとは思わないのです。

菅野　性愛が射精で完結しちゃって、そこに男たちは「結びつき」を求めないと。

宮台　はい。性愛の本質は交換ならぬ贈与で、贈与とラグ（遅延）のある反対贈与が絆を形づくるのですが、今は男の多くが性愛を「性欲解消＋承認感覚」として利己的に捉えます。だから、若い男たちの多くが、性欲解消は「現実の女でなくともポルノサイトでいいや」となり、承認感覚は「ＳＮＳの『いいね！』でいいや」となります。これは性愛を享楽ならぬ快楽へと貶めるものです。ちなみに社会の中の相対的なものが快楽で、社会の外にある絶対的なものが享楽です。

例えば、男たちには自分が女風でセラピストを務められるかどうかを考えてほしい。若い男の多くは「俺には無理」「そこまでできない」と思うはず。これは法外の過剰さの回避という意味で世代的なものです。そこまで性愛を面倒くさがるのは、「社会の外＝言外・法外・損得外」の享楽つまり「同じ世界」で「一つのアメーバ」になる享楽を知らないからです。だから僕は若い男に「同じ世界」で「一つのアメーバ」になる享楽のクオリアを与えることから始めるのです。

菅野　一方で、性愛できる男は一極集中になっているわけじゃないですか。すごくモテる男に女たちが殺到してしまっています。日常生活を生きていても、その落差があまりに大きいと感じるんです。

宮台　今の女たちが、背に腹は代えられなくなったからです。だから、性愛アクティブ層には、この人に他に相手がいても仕方ないと思う女たちがどんどん増えてきている状況です。女風に行かない女たちも、そうなりつつあるということです。彼女たちは今後恐らく、モテる男に一対一の恋人にしてくれとは、ますます要求しなくなるだろうと思います。これに対して「許せない」などと噴き上がっても、貞操教育をしても、状況は一ミリも変えられません。

菅野　まさにそうですね。この本でも女たちの男に対する不満エピソードの数々があり、その先にモテる男は共有材でも仕方ないという思いがあると思う。

宮台　異性愛を前提にして話すと、結局、昨今の女と男の関係性は、凸と凹が嚙み合っているると言えます。昨今の男はだいたい女よりも「クズ＝言葉の自動機械・法の奴隷・損得マシーン」で、射精主義である彼らの価値観の中では性交は欲望処理の意味しか持ちません。そこにいざ恋愛が加わると、束縛男やストーカーになる可能性が女よりもずっと高い。そうした男側の「性愛からの退却」を、だいたい五年くらい遅れて女側が追いかけてきたのが、ここ二五年の構図です。

東京都立大学での定点観測では、飲み会の時に下ネタをしなくなったのは、まずは男です。二〇〇五年ですね。聞くと「みんなが乗ることのできない話題だからだ」と男たちが答えました。でも、女たちの方はまだ下ネタを発しまくっていましたが、二〇一〇年頃に手洗いなどでの不在時に歳の差恋愛などを指して「あの子、ビッチだよね」とディスられるようになったのと同時に、飲み会で下ネタが避けられるようになりました。下ネタ回避にはもう長い歴史があります。

菅野　なるほど。本書では、性に関する本音を打ち明けられず、社会から孤立していたという女性が登場しますね。彼女は、女風を通じてSNSで繋がった女友達とリアルの場で会って、初めて性愛の話ができるようになった。そして、その人間関係が人生においてかけがえのないものとなったというエピソードがあります。
女風ユーザーという共通点をきっかけにして、女性がようやく性愛を語る風潮が戻ってきたのかなと思います。女風をコンセプトにした女風バーも盛況のようですしね。女風では、気に入ったセラピストをアイドルのように「推し」と呼んだりするので、男と女が対であるという重みが回避されて話がしやすいのもあるかもしれませんね。

宮台 それはあるでしょう。女同士で「男たちに対する高い願望を維持していいのだ」と励まし合う状況になりつつあるのだと思います。これはSNSの数少ない効用のひとつだと思います。アメリカのポリアモリスト（共有愛主義者）の一部は、まともな男の独占は非公共的で、まともな男の共有が公共的だと主張するようになっています。四の五の言っても、日本もそういう状況に近づくだろうと思うし、既に近づきつつあるのでしょう。

菅野 女性用風俗で一番感じたのが、「女同士は繋がれる」点です。結局は最後、女が女と繋がってワイワイして、男には高い願望を投影して楽しむ。むしろそれが醍醐味なのかもしれない。

（4）性愛にとって大事なアクションとは何か

†「女風の選び方」とは

菅野　ただ、取材して分かりましたが女風もピンキリなんですよ。ホストクラブに過度にのめり込んでしまう女性をホス狂といいますけど、身も心も破滅するような女風の使い方をする女性たちも中にはいますからね。そうならないためには、どうしたらよいでしょうか。

宮台　トー横界隈でパパ活周辺界隈の手配師をしていたホストやホスト崩れ界隈の中からは、「すべての女を例外なく中イキさせます」などを謳い文句にした自称セラピストが陸続として出て来ていて、そこにパパ活周辺界隈にいた若い女たちが集まるようになっています。彼らはSNSにモザイクを入れた動画を大量にアップロードしている状況です。つまり、女風とパパ活界隈との区別が早くも曖昧になりつつあるのですね。

どうしたらよいか。結論をいえば目標を高く掲げるように促すことです。「性交で中イキを一度はしてみたい」は『婦人公論』の過去二〇年の定番ネタですが、男のダメさに引き摺られて目標が過剰に低くなっています。そうではなく、性交からいったん離れて、「同じ世界」に入ることを目標に掲げることがキーになると思います。特に女は「よい性交」を目標にすると、男に利用されて間違います。男と「同じ世界」で「一つのアメーバ」になることだけを目標にします。

「中イキ」だけを目標にすると、男に利用された「中イキはするけど、悪い性交」で、トー横界隈の女たちみたいに心を病みがちです。だから女の人たちは、「良い女風」と「悪い女風」を識別しなければならなくなりました。識別規準は、性交があってもなくても「同じ世界」に入れるかどうか。そこを目標にするといいのではないでしょうか。さもないと、性交が上手なクズ男につまみぐいされてしまう。これまで性交できなかった女性ほど「ヤリマン」状態になります。

菅野　ハプニングバーでも、ずっとセックスを我慢した人ほど「バーン」と爆発するケースが多いんですよ。最近聞いたのは四十代まで処女で、コロナ禍で寂しさのあまりハプニングバーに目覚めて、狂ったように乱交しているという女性です。

宮台 それは、不全感や劣等感の埋め合わせだと思います。「昔やれなかった分を取り返すぞ！」みたいな。男だってそうです。童貞喪失が遅い人こそ「取り返すぞ！」と言い出します。その意味で人間の心は「言葉の自動機械」で、それを自覚できないと「身体性」の回復に見えて、「言葉の自動機械」の暴走に過ぎないものに頽落《たいらく》します。こうした事実情報も、男である僕から聞くのもいいけど、女同士で連帯してシェアできればさらに説得的に拡がるだろうと思います。

†「受動」と「能動」を超えて

宮台 一方で、男はセックスはしても、粘膜の接触を嫌がる奴がけっこういるんですよね。

菅野 だから、クンニが嫌いな男っていますよね。今回の取材でもフェラはしてほしいけど、クンニとか前戯はしてくれない、だから性交が痛いという悩みがこれでもかと出てきました。でも、女性たちはなかなかそれを男性に伝えることができないんですよ。そんな性的不満が積もり積もって女風に乗り出す、という例も多いんです。ここはどうとらえればよいでしょう。

宮台　話してきたように、性愛は基本、社会の外に出ることを享楽する営みです。社会の中では粘膜の接触はないでしょう？　だから、粘膜の接触を嫌がることは、社会の外に出るのを嫌がることを意味するのです。経験的には、彼らの殆どは「言葉の自動機械・法の奴隷・損得マシーン」つまりクズです。社会は「言葉と法と損得勘定」で回るものですが、そこから出られないのは不安神経症です。粘膜接触を含めて普段やらないことをやることで、社会の外に出られるのです。

メルロ＝ポンティ的には、粘膜接触は日常的な身体の境界線の消去です。相手の感覚なのか自分の感覚なのか分からなくなるからです。それが社会の外に出るのを促します。社会の外に出れば能動と受動という日常の感覚が消えます。それが能動性や受動性と違った中動性の構えに繋がります。でも多くの人には社会の内から外に出るのに意識の壁がありますす。経験的には性交に一時間以上かける必要があります。すると相手の感覚と自分の感覚が区別できなくなります。

菅野　まさに、女風のセラピストの方が言っていた感覚と同じですよね。自分は本当はMなのに、（性愛の中で）Sになってしまうような。

宮台　その通り。それを三〇年来、「マゾ的サド」「サド的マゾ」と呼んできました。プラグマティストのミードはそれを「相手の感覚を自分に引き起こすこと」と表現します。それが自他未分化つまりアメーバのように一つになるための前提です。だから「どちらか分からなくなるような感覚」こそが性愛の目標になるべきです。それが「同じ世界」に入って「一つのアメーバ」になることです。それが社会の外での繋がりに当たります。主体でも客体でもなくなることです。

ただ、性愛のワークショップなどで、最初に僕が性交を持ち出してそれを言うと、若い人には完全に絵空事に聞こえてしまいます。若い人に「セックスはトランスだ」というと「無理です」と引いてしまうのです。だから、ワークショップの最後の方に「性交によるトランス」の話を言うようにしています。だから「同じ世界」に入って「一つのアメーバ」になった経験を、さっき話したようなやり方で幼少期の記憶から掘り起こしてもらい、現実性を理解してもらうのです。

菅野　そこからイメージを広げていく必要があるんですね。ＡＶみたいなことをマニュアルのように女の体にやりたがる男にうんざりな女性たちも多いです。潮吹きとか、ＡＶみたいにあんなに出ないのに、手マンは痛いし散々だと。でもやりたがる。

宮台　ここ二十数年の男のセックスをみると、能動・受動の構えが大きすぎます。ＡＶを見て顔射や駅弁や潮吹きができるようになりたいといったように、アチーブメント（何かを達成すること）が目標になっているのです。これは目標設定の錯誤です。これらの営みは、正しい目標が設定された時に一定の手段になるだけで、それ以上ではありません。正しい目標とは「同じ世界」に入って「一つのアメーバ」となること。それができると自動的に様々な営みが可能になります。

†目を見つめられるかどうか

宮台　手段としていうと性愛にはもっと大事なアクションがあります。目を見るとか、手を握るといったこと。女の人が自己防衛を捨てて心身が「開かれた」状態になるのに必要です。風俗嬢がこの二〇年言うのは、男たちが目を合わせなくなったという問題。女側からすると「自分の外に出る」ことで「社会の外」に出るためのツールがなくなります。ただしこれを手段として意識すると今度は男が飛べません。男は「自然に気がついたらそうなっている」状態が必要なのです。

これは最初からはできませんから、性交の数を重ねて心身に刻み込む必要があります。あと、より高度な所作になりますが、ナンパで女の人に声をかけるときに、女の人の前にすっと斜めから入れるかどうかもあります。例えば実際に菅野さんにモデルになってもらい、菅野さんが歩いている最中に男が自然にすっと前に入れるかを何人かにテストしてもらい、他の男たちがそれを観察して何がよくて何が悪いのかを指南してもらうことが、ワークショップ的には有効です。

すっと入れるかどうかは、一定の資質がないと「鍵が掛かった箱の中の鍵」問題を構成しがちです。性交を通じて「同じ世界」で「一つのアメーバ」になる能力を得た男は、自動的に、女の前に抵抗感を抱かせずにすっと入れます。そこには「目標点こそが出発点を与える」という逆説があります。一定の資質というのは、性交経験がなくても「同じ世界」に入る能力を持っていることです。いずれにせよ、男がナンパを失敗する理由はたいてい、ぎこちなさなんですよね。

菅野　ふるまいというか、所作が挙動不審だと、すぐに女性はそれを感覚的に察知しますよね。

宮台　「お一人ですか」「お時間ありますか」といったセリフばかり考えがちだけど、何を言うかではなく、単に「入り方」が問題で、第一声は「こんにちは」で充分です。

菅野　その入り方は、女の人の方が絶対にうまい気がしますよね。ただ中にはそれができる男性もいて、入り方が自然なので、気がついたらあれよあれよという間に距離が縮まっている。セラピストの男性の本業は、美容師のような、普段から女性を相手にする接客業の方が多いんですよ。彼らはまさに気配を消して、相手の懐にすっと入ってくることに長けている。入り方が先にあってその後に、言葉がついてくる感じ。

宮台　そうそう。「言葉が口から出るか」よりも、あくまで「場作り」が大切なのです。これは「同じ世界」を作り出すことです。確認すると、複数の身体が「同じ世界」にあるとは、同じ何かに同じようにアフォーダンスされることです。つまり、同じようにコールされて、自動的に同じようにレスポンスする。イーフー・トゥアンやベアード・キャリコットはこの「同じ世界」を、「空間」ならぬ「場」と呼びます。だから「同じ世界」を作り出すことを「場作り」と言うのです。

菅野　女風のセラピストの男性でも、会った瞬間から手を繋いでくれたり、愛に溢れた「世界観」を演出することのできる人と、ただの性感体験だけを機械的に提供すればいいという安直な考え方の人もいます。ベッドの上で性的サービスが終わった瞬間、ハイ終了とばかりにスタスタ歩いて帰るような人もいる。実はそれは女性にとって激しい萎えポイントとなることに気づいていない（笑）。

宮台　懐にすっと入る能力――場作りの能力――は本当に言語化が難しく、ワークショップの一つの壁になります。いずれにせよ、女が、単なる「中イキ」のような性体験だけでない、相手と心身ともに「一つのアメーバ」になるというフュージョン欲求を持つ場合、セラピストが「同じ世界」に入った状態を作ってあげられるかがポイントになります。「同じ世界」に入ると必ず変性意識状態になるので、そこから先は、気が付くとラブホにいたり性交していたりします。

幼保（幼稚園と保育所）以降の子どもたちや若い人たちに「同じ世界」を体感してもらうために言うのは、「一つの風船に入った」感じをイメージすることです。「ふんわりしたピンクの風船の中に一緒に入っていますか」と。優秀な美容師やセラピストやナンパ師は、女の前にすっと入る瞬間にそれができます。こうした能力は、女のほうが男よりもずっと高い傾向があります。僕はパーティーで女にそれをされた体験がありますが、その瞬間に人混みの中にその女しか見えなくなるのですね。

今でこそ僕はこうした物言いができますが、ナンパしては失敗し、性交しては失敗し、という体験を重ね、反省を重ねて、やっと獲得したものです。それまでは多かれ少なかれ「自意識の牢獄」に閉じ込められていました。昨今のパパ活界隈にも高学歴な女たちが多数いますが、共通するのは「ダメ意識」です。男の場合、成績悪いとかいじめられてきたとかが理由ですが、女の場合はさらに複雑で、中高生のときに容姿について陰口を聞いたとかが「ダメ意識」に繋がります。

菅野　女風の取材をしていて、そんな自意識に捕らわれて、ずっと処女だったという女性にもたくさん出会いました。私という第三者から見て、ご本人は人間的にも性的にもとても魅力的なのに、男性に対して最初の一歩が踏み出せなかったり、言い寄られても断ったりする。

宮台　「ダメ意識」を持つ女は、男からの「好きだ」という言葉にも違和感を感じてしまいがちです。「これは口からデマカセなんじゃないか、信用できない」から始まって、デマカセじゃないと分かると今度は「こんな私を好きなのは頭がおかしいんじゃないか、信用できない」に到ります。女が「ダメ意識」を持つとコミュニケーションが「不信ベース」になるのです。そうなってしまった女たちは、永久にさみしいんです。

菅野　そうなんですよ。そうした「ダメ意識」は、例えば親に植え付けられたケースも多いのでしょうか？

宮台　確かにそうです。三〇年前の援交から、現在のパパ活まで共通して、高偏差値系の女は、両親が公務員や教員だったりするケースが多く、親が道徳教育に過剰であるために「自分は道徳的じゃない、ふしだらだ」というマイナスの自己イメージを植え付けられているケースが目立ちます。分かりやすく言うと、道徳的な親に育てられた女は、「自分は親に比べてダメな人間だ」という意識が植え付けられがちです。だから、道徳的な性教育はとても危険なのです。

菅野　やはりそうなんですね。私も親が小学校の教員だったので、ダメ意識が強かったですね。「いい学校に行かなければならない」というプレッシャーや性的なことはふしだらだという抑圧も強くて、中学で不登校になって病んでしまった。

でもそこで一度壊れたからこそ、思いっきり振れた方にいこうと思って、大学卒業してSM雑誌の編集者を始めたんです。そしたらそこには多様な性を肯定する澄んだ世界が広がっていた。

女風やSMなど、人間を解放させてくれる存在を常に探し続けていて、それが取材のモチベーションになっている。私の周囲でアダルト業界に関わっている人って、教員や警察官の子どもとかすごく多い印象があるんです。そんな親子関係の傷も一因にあるかもしれません。

宮台　だから、警察官や教員など倫理的な職業に就いた親が言いがちな「人のために生きるんだ」というセリフも、実は微妙なんです。これは確かに子どもに伝えなくてはいけないことだと思いますが、一方で伝え方も大切です。僕は「人のために生きろ」という規範を言うかわりに、「人を幸せにすると、自分も幸せになるよ」という事実を言うようにしています。でも、それでさえ、子どもの方が「自分には無理だ」と思っているようなら、その伝え方でももうダメなのです。

菅野　そうですよね。人のために正しく生きることを強いられると、子供はものすごくつらい。

宮台　これはフロイト派的問題です。性愛に対して「これは不道徳だ」とか「ダメな女の子がやることだ」とかの観念がくっついてしまうのは、まさに社会による洗脳で、エージェント（代理人）は親です。ところが、これは抑圧を累積するので、不道徳な性交を敢えてすることが享楽（絶対的な快楽）を与えます。それがフロイトがいう超自我の働きです。だから、道徳的な親が、不道徳に性交する子を生み出すのは、不思議でも何でもありません。基本的な知識であるべきです。

どうすればいいでしょう。問題は、親がエージェントとなって行なう、行為への言葉のラベル貼りです。詳しく言えば、親の「自己のホメオスタシス」にとって都合がいいラベルが、子どもの行為に貼り付けられます。だからフロイト派的処方箋は、行為群に貼り付けられたラベル群を総体的に剝がすことです。行為群は意味論的体験をなすので一つの行為だけのラベルを貼り替えることはできません。これは苦痛を伴う営みなので、ペグ（掛け釘）が必要です。

ペグになるのが「ラポール」で、父のような愛のことです。愛してくれる父に愛を以て応えるべく、苦しくてもラベルを貼り替えようという動機が与えられます。これはコンプライアンス上「父親のような」とされているだけで、現実には恋愛でも可能になります。愛してくれる男が、「言葉のラベルに君は雁字《がんじ》搦《がら》めになっている。個々のラベルが貼られた小さい頃の経緯を思い出し、そのラベルが恣意的であることを理解して、一個一個外していこうよ」という実践です。

僕の経験では、毎日に近くこれをやっても三カ月はかかります。それぞれの言葉のラベルが、大好きなお父さんやお母さんというイメージと結びついているので、ラベルを剝がす営みがそれらとバッティングして痛みがとても強いのです。残念ながら巷のカウンセラーや分析医には力量がそれほどないので、それを恋人が勉強しながらやってくれるのが一

番です。でも、巷の男も先ほどの意味でクズなので、女が不道徳な性交をしていたという
だけで、パニックになります。
菅野 それは本当に世の男性陣にしてほしいと切に願いますが、それができるかといった
ら、相当難易度が高いのではと思います。私も仕事柄色々な人と会っているつもりではい
ますが、これまでの人生でそんな逸材とはなかなか出会ったことないですから（笑）。そ
れでも全くいないわけではないんだと最近気づきました。女性たちはぜひアンテナを立て
てほしい。

あと特定のパートナー関係でラベルを剝がしてもらうのは難しいかもしれませんが、例
えばSMというプレイの形態を辿るとその一線を飛び越えやすい気がします。

宮台 「やってはいけないことをやる」ことによる解放ですよね。

菅野 そうです。新宿のSMバーのオーナーの堂山鉄心さんという方に聞いたエピソード
なのですが、例えば、キリスト教系宗教の敬虔な信者として育ったある女性は、常に激し
い戒律を強いられてきたといいます。化粧や肌の露出も禁止され、自己反省の時間には、
自らを素手やモノで叩くよう教えられていたらしいです。性器の周辺を叩いているうちに、
それが快感へと変化していった。大人になって、教団を抜けても習慣は変えられず、それ

が一種のオナニーになっていることすら、本人は気づかなかったんです。女性はその快感を忘れられずに、次第にSMプレイに惹かれるようになったと言います。

鉄心さんが言うには、特に性的なことに関しては、思春期に過度に押し殺されたまま育つと、その後の人生で凝縮されていくのではないかと。お店に来る女性は、セックスに対する嫌悪感やタブー、禁忌があり、全般的に不快感を持っている方が多く、それを克服することは容易ではない。でも別の方法であれば、それを受け入れられるかもしれないと。それがSMだったりもする。つまりSMは、セックスの代替行為として機能している、と。そういった飛び石的な越え方なら何とかできるかもしれない。

宮台　だから、必要なのは単に「やってはいけないことをやる」ことですよね。でも「勇気を持って、やってはいけないことをやれ」と言われても、できない女が大半です。女風に訪れる女たちのように、よほど切羽詰まらない限りはね。これも「自分は自分でなくなりたくない」という自意識、つまり「自己のホメオスタシス」の問題です。乗り出すという「主体による能動」である限りは難しい。だから「主体による能動」から自由になる必要があります。

菅野　それを外してくれる男がいないとダメってことですか。

宮台　その通り。優れたセラピストのように、男が性交以前にすっと「同じ世界」に入れてくれて、女が「同じフロー」に身を任せているうちに気が付いたら「やってはいけないことをやっていた」という流れです。ただ一般に女には男よりも「言葉の外を想像する力」や「言葉の外で繋がるために言葉を使う力」があります。言葉のやりとりでも、相手の話を「我が事化」して自分ならどうかと考える力があります。男は言葉を使うと「プレゼンテーション」になりがちです。

菅野　確かに女性は、物事を我が事化して、共感する力があるように思えます。

孤独や孤立に関する取材で、コミュニケーションの専門家に話を聞く機会が多いのですが、相手の話を聞かない中年男性が深刻だそうです。とにかく自分のことばかりベラベラしゃべって、会話の中で相手への質問や問いかけがないんだとか。女性からこの人は自分への関心が薄いんじゃないかと受け取られ、疎まれてしまう。よっぽどな利害がないと、そんな男の話聞きたくないですから。

私が見ていても、女性を置き人形のように扱う男性は多い。会社組織ではそれで通用しても、セルフプレゼンテーションしてしまうと、性愛だけでなく、地域コミュニティのような場からも孤立してしまうんですよね。

宮台　デートでもそんな感じです。自分の説明を始める男が多いです。でもデートにおける会話の目標は「同じ世界」に入ることであって、逆に「自分の気配を消す」ことに当たります。ゼミでも、本ばかり読んで勉強して、それを周囲に示そうとする男はダメです（笑）。援交もパパ活も女風も、特殊な界隈だと思い込んでいる人が多いですが、それは現実を知らないからです。現実を知れば、それが性愛だけでなく実存上の全ての問題に繋がっていることが分かるのですね。

宮台真司（みやだい・しんじ）
一九五九年宮城県生まれ。社会学者。映画批評家。東京都立大学教授。公共政策プラットフォーム研究評議員。東京大学大学院人文科学研究科博士課程修了。社会学博士。社会学的知見をもとに、ニュースや事件を読み解き、解説する内容が好評を得ている。性風俗、セクシュアリティ、自身の性体験などについても活発に研究・発言している。

ちくま新書
1649

ルポ 女性用風俗《じょせいようふうぞく》

二〇二二年四月一〇日 第一刷発行

著者 菅野久美子（かんの・くみこ）

発行者 喜入冬子

発行所 株式会社 筑摩書房
東京都台東区蔵前二-五-三 郵便番号一一一-八七五五
電話番号〇三-五六八七-二六〇一（代表）

装幀者 間村俊一

印刷・製本 三松堂印刷 株式会社

ISBN978-4-480-07473-7 C0295